19,80

WHITE EAGLE: DER GEISTIGE PFAD

WHITE EAGLE

DER GEISTIGE PFAD

*Geistige Entwicklung
und Entfaltung der Seelenkräfte
des Menschen*

Aquamarin Verlag

White Eagle Kontaktadressen:

White Eagle Center Deutschland:
Annemarie Libera
Friedenstr. 23a · D-8034 Germering

Schweiz:
Carolina Sommer
Pestalozzistr. 7 · CH-3400 Burgdorf

Titel des englischen Originals:
SPIRITUAL UNFOLDMENT I

Übersetzt von Walter Ohr

7. Auflage 1994

Voglherd 1 · D- 85567 Grafing

Druck u. Bindung: Ebner Ulm
Herstellung: P & P Lichtsatz GmbH, Grafing

ISBN 3-922936-04-0

INHALT

EINFÜHRUNG
von Grace Cooke

Den größten Teil meines Lebens habe ich dem Studium geistiger Erkenntnisse gewidmet und zu beweisen versucht, daß man den Schleier durchdringen kann, der zwischen der materiellen Welt und der sie umgebenden, unsichtbaren Sphäre liegt. Die landläufige Ansicht ist, der Mensch dürfe erst *nach* seinem Tod etwas über jene höheren und feineren Sphären, die uns umgeben, wissen und daß, wenn er einmal jenseits angekommen ist, keine Möglichkeit mehr bestehe, Verbindung mit seinen Freunden auf der Erde aufzunehmen.

In diesem Buch zeigt uns White Eagle, wie wir, während wir noch auf Erden sind, die Schönheit eines vollkommeneren Lebens erfahren können, und wie ätherische Brücken zwischen den inkarnierten und den nicht-inkarnierten Menschen zu beider Freude und Beglückung gebaut werden können.

Er lehrt uns, daß wahres Hellsehen eine tiefe, geistige Erfahrung ist. Während zugegebenermaßen bei Mensch und Tier ein spontanes übersinnliches Sehen möglich ist, besteht doch ein großer Unterschied zwischen diesem spontanen «Sehen» und wahrer, geistiger Schau, dem eigentlichen Hellsehen. Das erstere kann auf Täuschung beruhen, das zweite ist das Ergebnis von Wissen und einer Schulung geistiger Fähigkeiten, die latent in jeder Seele vorhanden sind. Wenn wir White Eagle's Führung folgen, lernen wir, daß es zahlreiche Ebenen gibt und daß man sein Bewußtsein auf diese Ebenen erweitern kann. Diese Bewußtseinserweiterung reicht von flüchtigen Eindrücken vorbeiziehender Gedanken oder schattenhafter Formen, von Lichterscheinungen oder wolkiger Farben, bis hin zur klaren Vision hoher Wesen, die von pulsierendem Leben durchdrungen sind. Zur Umwelt dieser hochentwickelten Wesen gehören wundervolle Landschaften, Musik- und Kunstschulen, Universitäten und herrliche Tempel der Gottesverehrung.

Jenseits dieser Sphären liegen die höheren Mentalebenen und die himmlischen Reiche, die mit irdischen Worten nicht mehr beschrieben werden können.

Um solche Visionen erleben zu können und klare Erinnerungen an sie im physischen Gehirn zurückzubehalten, setzt sowohl Ausdauer und regelmäßiges Üben und Meditieren als auch unbeirrte Einhaltung einer ethischen Lebensweise voraus. Aus White Eagle's Belehrungen geht klar hervor, daß unter einer ethischen Lebensweise eine geistige Lebenseinstellung, ein zu Gott strebendes, gesundes, reines, diszipliniertes und ausgeglichenes Leben gemeint ist. Der Mensch, der geistige Erleuchtung sucht, soll Gott in sich verwirklichen, so gut er es vermag. Mit seinem ganzen Herzen, seiner ganzen Seele und seinem ganzen Gemüt möge er seinen Schöpfer verehren und, indem er Gott und seinen Nächsten liebt, einen Geist des guten Willens und der Freundlichkeit in seine Umgebung ausstrahlen.

White Eagle bemüht sich uns aufzuzeigen, daß die Entwicklung der notwendigen Kraft, um den Schleier zwischen den beiden Welten gefahrlos zu durchdringen, nicht nur von Wissen abhängt, sondern auch davon, wie weit Demut, Liebe und Einfachheit der Seele entwickelt sind. Hingabe an das geistige Leben und unablässige Bemühungen, die Technik des «Nachinnengehens» zu meistern, um den Kernpunkt der Wahrheit zu finden, lohnt sich. Der Mensch wird entdecken, daß er mit geistigen Gaben ausgerüstet ist, die ihn frei machen und die ihm gestatten, die inneren Welten zu erreichen und sich restlos von der Unsterblichkeit der Seele zu überzeugen.

Während meines ganzen Lebens wurde mir geholfen, meine geistigen Gaben zu entwickeln, um den Abgrund zwischen den zwei Lebenssphären zu überbrücken und Kenntnisse aus den höheren Welten zurückzubringen. White Eagle, mein geistiger Führer und Lehrer, hat mit mir und durch mich gesprochen und auf diese Weise das Wissen vermittelt, wie man diese Gaben gefahrlos entwickeln und zum Wohl der Menschheit anwenden und welchen Beitrag man zum Glück und zur Harmonie des irdischen Lebens leisten kann.

In White Eagle's Namen lege ich dieses Buch in die Hände des Lesers und hoffe, daß er darin vieles findet, das ihn tröstet und inspiriert.

I

GEISTIGE ENTFALTUNG

Wir öffnen unsere Herzen der Liebe und stellen uns ganz auf Gott ein. Wir wissen, der Weg zur geistigen Entfaltung ist die Liebe. Deshalb beten wir zu Gott, der uns sowohl Vater wie Mutter ist, daß wir ganz von Liebe erfüllt werden. Während wir uns mehr und mehr in der Liebe entfalten, werden wir weiser und stärker in der Kraft Gottes. Möge die heilige Dreiheit Liebe – Weisheit – Kraft in unseren Herzen und in unserem Leben Wirklichkeit werden.

Der eigentliche Sinn des menschlichen Lebens ist die Wahrheit zu finden; Wahrheit, die sich durch unser eigenes inneres Selbst enthüllen wird. Während wir nach der Wahrheit suchen, die tief in uns verborgen liegt, schwinden die Schranken, die unser niederes Selbst errichtet hat, und wir werden frei – frei, um mit unseren Lieben im Jenseits in Kontakt zu gelangen, frei, um mit den kosmischen Strahlen der Lebenskraft und Heilung in Berührung zu kommen und diese im Dienst für unsere Mitmenschen einzusetzen, und frei, uns mit jenen Wesen, die der Menschheit dienen, zu verbinden.

Der Pfad, der sich den Berghang zu den geistigen Gipfeln emporwindet, ist lang und steil, und bis der Mensch einen Schimmer der Herrlichkeit erhascht, die ihn einmal erwartet, bleibt er den materiellen Ebenen verhaftet. Er erleidet Schmerz, Krankheit, Einsamkeit, Beschränkung; er bleibt gefangen in Furcht,

Groll, Angst, und er ist heimgesucht von Gewalttätigkeiten und Kriegen. Doch keiner braucht auf den Tod des Körpers zu warten, um Glückseligkeit zu empfinden und sein wirkliches Wesen zu erkennen. Wenn der Mensch nicht lernt, nach dem Geistigen zu forschen, während er noch auf der Erde lebt, wird er keine vollkommene Freiheit und Freude nach dem Ablegen seines physischen Leibes finden können.

Eine wunderbare Zukunft erwartet jede Seele. Die Erforschung des Geistigen aber bringt harte Arbeit mit sich, doch kann harte Arbeit sehr interessant sein. Wenn du Musik liebst und du dich durch Musik ausdrücken möchtest, wird es dir eine Freude sein, ein Instrument zu spielen. Wenn du an etwas Wertvollem interessiert bist, nimmst du jede Mühe auf dich und errechnest nicht, was dich das Erreichen deines Zieles kostet. So sollte es auch mit der Arbeit sein, die du für deine Seele tust.

Um an sich zu arbeiten, braucht es nicht unbedingt lange Meditationen. Der Weg der Meditation ist nicht unbedingt *dein* Weg. Hast du dich jedoch einmal für einen bestimmten Weg entschieden, folge ihm unentwegt. Renne nicht wie ein Eichhörnchen hierhin und dorthin, in der Annahme, daß ein anderer einen besseren Weg gefunden habe, den auszuprobieren sich lohne. Wie Kinder, wenn sie Blumen pflücken und von einem Fleck zum anderen rennen, um zu sehen, ob nicht ein anderes Kind noch schönere Blumen finde, so eilen die «Kinder der Erde» hierhin und dorthin auf der Suche nach geistigen Wahrheiten.

Die Zeit wird kommen, wo deine innere Stimme zu dir spricht: «Dies ist mein Weg, hier werde ich Frieden finden, diesem Weg werde ich folgen, komme was mag.» Nachdem du deine Entscheidung getroffen hast, solltest du dabei bleiben. Du wirst dies nicht immer leicht finden, aber wenn du ausharrst und geduldig bist und vor allem niemals Glauben und Vertrauen verlierst, wird dein Weg dich unfehlbar zum Ziel führen.

Während du dem geistigen Pfad folgst, mußt du lernen, zwischen den Regungen des niederen weltlichen und des höheren göttlichen Selbst zu unterscheiden, zwischen dem Wirklichen und dem, was unwirklich und vergänglich ist. Das niedere Selbst wohnt in uns allen und verleitet uns dazu, die Realität der geistigen Wahrheiten zu bezweifeln. Während du dich im Geistigen vervollkommnest, wirst du immer wieder von Zweifeln heimgesucht. Diese Zweifel geben sich als Vernunft aus, einer Vernunft, die angeblich gewissenhaft und ehrlich die einfache Wahrheit einer Täuschung vorzieht. Dieser zweifelnde weltliche Verstand wird versuchen, mit dir zu argumentieren und dir vor Augen zu führen, daß das, was deine geistige Vision dir enthüllt, nicht nachgewiesen werden kann und nur deiner Einbildungs- oder Vorstellungskraft entspringt.

Dieser weltliche Verstand hat seine Berechtigung und kann dich innerhalb gewisser Grenzen führen, dann, wenn er gelernt hat, sich dem *göttlichen* Verstand zu fügen. Eine Wahrheit, die der weltliche Verstand als völligen Unsinn ablehnt, kann vom höheren Verstand erkannt und angenommen werden. Für das höhere Empfinden der Seele (des Menschen Intelligenz als Unterschied zu seinem intellektuellen Verstand) kann diese Wahrheit wie ein seltener Edelstein sein. So müssen wir unterscheiden lernen; und wenn wir dem Kaiser das Weltliche gegeben haben, welches notwendigerweise dem Kaiser gehört, dann suchen wir nach der Perle der Wahrheit.

Die Wissenden und die Unwissenden

Ein weiser Lehrer hat gesagt, daß nur zwei Arten von Menschen in der Welt sind: Die Wissenden und solche, die nicht wissen. Menschen, die sich Gottes Gegenwart überall und zu jeder Zeit bewußt sind als eine ständige Tröstung und Inspiration, die wissen, daß sie Führung und Erleuchtung von den höheren Welten der Weisheit und Schönheit erhalten können, und solche, die nichts über diese Dinge wissen, sie ablehnen und verspotten, und daher leben, als wären sie in einem dunklen Raum gefangen. Jene unter euch, die wissen oder wenigstens beginnen zu wissen, haben ihr geistiges Wachsein durch geduldiges Mühen, durch mancherlei Erfahrungen und Leiden erworben. Ihr müßt aber immer wachsam sein und an euch arbeiten, um diese Erkenntnisse nicht zu verlieren, denn obwohl die Sehnsucht nach dem Licht des Geistes in euch wächst, will das Erdenselbst euch dazu bringen, zu zweifeln, zu verurteilen und sogar das wachsende Licht in eurem Herzen zu vernichten. Der Mensch muß hart und lange kämpfen, bis das Licht in ihm so machtvoll und stark wird, daß Zweifel ihn nicht mehr bedrängen können.

Die Zweifel und Fragen, die euch befallen, sind wie

die Stimme der Schlange im Garten Eden, die Adam und Eva verführte, die Früchte des Irdischen zu essen und ihren Gott zu ignorieren.

Bemühen wir uns nicht alle, die Stimme des Geistes zu hören, auch wenn wir ständig vom Lärm der äußeren Welt bedrängt werden? Laßt euch nicht verwirren, wenn die Leute behaupten, es gäbe keine jenseitige Welt, keine Möglichkeit, Kranke mit geistigen Mitteln zu heilen. Die so sprechen, leben im Dunkeln und können es nicht wissen. Wie in der Bibel geschrieben steht: «Die Toten wissen nichts.» Sendet ihnen das Licht der Liebe und seid euch bewußt, daß auch sie einst wissen werden. Zwingt andern nicht eure Meinung auf. Argumente führen selten zum Ziel und überzeugen kaum. Jene Leute meinen es gut, aber auf dem Weg, den ihr gewählt habt, müßt ihr der Stimme des Geistes treu bleiben.

Welches sind eure Beweggründe?

Die Entfaltung des Geistes sollte niemals aus eigennützigen Motiven, aus Liebe zur Sensation oder aus Neugierde angestrebt werden, sondern nur, weil wir erkannt haben, daß dadurch unser Körper gesund und unser Geist strahlend werden kann und wir deshalb besser fähig werden, unsern Mitmenschen und allen Geschöpfen zu helfen. Der wesentliche Beweggrund zu geistiger Entfaltung irgendwelcher Art sollte *selbstlos* sein. Es wird Geduld gefordert und völlige Hingabe und die Erkenntnis, daß ihr nicht berufen seid, eure Arbeit in der Öffentlichkeit zu tun, um andere zu beeindrucken, oder um Anerkennung oder Belohnung zu erhalten. Die meisten von euch werden in *der Stille* arbeiten. Auch ein Leben, das an Hausarbeit gebunden ist, kann sehr schöpferisch sein. Jeder Mensch befindet sich auf jenem Posten, wo er am nützlichsten ist und die Möglichkeit hat, sein Bestes zu tun. Der unbekannte Mann oder die unbekannte Frau kann unter Umständen mehr zur Förderung der menschlichen Rasse beitragen als einer, dessen Name in aller Munde ist. Der wesentliche Sinn der geistigen Entfaltung liegt darin, ein Lichtzentrum zu werden, aus dem die Liebe Gottes ausstrahlen kann. Dann wird sich der Mensch nicht länger nach all jenen «großen» Dingen sehnen, die sein Ego vollbringen möchte; vielmehr wird er wünschen, daß durch ihn größere Liebe in alle Lebensbereiche ausstrahlen möge.

Eine gesunde Seele in einem gesunden Körper

Das Wesentliche in der geistigen Entfaltung und in der Vorbereitung für Heiler, für solche, die ein Kanal für das Licht sein wollen, ist eine gesunde Seele in einem gesunden Körper. Alle Gewohnheiten, die den Körper erschöpfen, die Krankheit in Gemüt und Seele verursachen, sind schädlich und sollten unterlassen bleiben. Korrekte geistige Entwicklung wird den Körper gesund machen, und ein gesundes Gemüt, eine gesunde Seele wiederum hilft der Entfaltung von geistigen Qualitäten und Fähigkeiten.

Denkt daran, daß wir beides sind, Sender und Empfänger. So wie wir fähig sind, auf Beeinflussung und

Eindrücke der unsichtbaren Welten anzusprechen, so reagieren wir auch auf weltliche Einflüsse, auf die Schwingungen, die durch die Gedanken und das Leben Anderer ausgestrahlt werden. Oft erlauben wir uns, von Furcht, Ärger, Haß und allen Arten von Gemütsbewegungen, wie auch von körperlichen Krankheiten überschattet oder besessen zu werden. Wir verstehen oft nicht, warum wir uns so fühlen, und obgleich wir uns sehr bemühen, können wir unseren unbekannten Gegner nicht überwinden. Wir sind dann wahrhaftig in einem Zustand des Un-Wohlseins.

Sprechen wir allzu offen? Ihr sucht doch geistige Entfaltung, ihr wünscht eure geistigen Fähigkeiten zu entwickeln – also müßt ihr lernen, euer «Instrument» zu gebrauchen. Bevor ihr ein Musikinstrument spielen könnt, müßt ihr die entsprechende Technik beherrschen, ihr müßt lernen, mit der Sprache umzugehen, wenn ihr eure Feder gebrauchen wollt und gute Kenntnisse von Formen und Farben haben, wenn ihr vorhabt, Bilder zu malen. So müßt ihr auch gewillt sein, den Preis für eure geistige Entwicklung zu bezahlen und euch einer Schulung unterziehen, einem Training, das diese Entwicklung von euch fordert. Diese Schulung benötigt eine ständige Reinigung eurer geistigen Einstellung, bis sie, zumindest bis zu einem gewissen Grade, Gesundheit, Ganzheit und Heiligkeit offenbart. Meine Freunde, wie könnt ihr erwarten, einen gesunden Körper zu haben, wenn eure Seele krank ist? Ihr werdet antworten, daß ihr eine Menge gesunder Leute kennt, deren Seele jedoch weit davon entfernt scheint, gesund zu sein. Aber das ist nur eine Frage der Zeit. Ihre körperliche Gesundheit wird nicht lange währen, wenn der Seele Ruhe und Harmonie fehlen.

Deshalb denkt immer positiv, aufbauend, schöpferisch und optimistisch. Wir sprechen nicht von einem sinnlosen Optimismus, sondern von Zuversicht, wissend, daß hinter aller scheinbaren Verwirrung des Erdenlebens die göttliche Absicht an der Arbeit ist, geistige Qualitäten im Menschen zu entwickeln. Wäret ihr geschult eure Gedanken gesund zu erhalten, könntet ihr niemals in einen Strudel von Depressionen und Angst absinken. Ihr würdet im Denken positiv sein und wissen, daß letztlich alles zur Vollkommenheit führt. Was auch immer geschieht oder auf euch zukommt, hinter allem steht Gottes Güte.

Oft seid ihr verwirrt und beunruhigt, weil so vieles eure Aufmerksamkeit erheischt, und mit dem Kopf arbeitet ihr zu intensiv. Ihr tut eine Arbeit hundertmal in Gedanken, wenn ihr sie eigentlich nur einmal zu tun brauchtet. Ihr sagt immer wieder zu euch selbst: «Ich sollte dies und jenes tun», aber «dies und jenes» wird nicht getan. Lernt, die Arbeit dann zu tun, wenn sie auf euch zukommt und erledigt sie in aller Ruhe. Begreift, wie wichtig es ist, das, was auf euch zukommt, anzunehmen und zu bejahen und es wenn möglich sofort zu erledigen.

Kann es nicht sofort erledigt werden ist es besser, ein Problem ganz aus dem Gedächtnis auszuschalten, bis der richtige Moment kommt, sich damit zu befassen. Gebt die Gewohnheit auf, euch wegen Kleinigkeiten fortwährend zu sorgen. Bei den meisten Leuten ist der Kopf wie ein unordentlicher Lumpensack. Es ist nicht leicht, durch die Anhäufung eines solchen

Krimskrams Eindrücke aus den höheren Welten zu empfangen. Wenn der Kopf vollgestopft ist, können die Strahlen des geistigen Lichtes nicht eindringen und werden solange abgewiesen, bis endlich in einigen stillen Augenblicken das Eindringen möglich wird. Ist der Kopf mit Gedanken überfüllt, wie kann der Mensch Eindrücke aus den höheren Welten erhalten oder des Engels an seiner Seite gewahr werden? Sei Meister über dich selbst, über deine Gedanken; das ist es, wonach wir alle streben: Meisterschaft.

Ein Meister ist niemals beunruhigt oder in Eile. Wir finden keine Unordnung in seiner Umgebung. Einmal Meister über sich selbst geworden, hat er natürlich auch Einfluß auf die physische Welt, und so leidet er niemals an einer Krankheit, hat keine Kopfschmerzen, keine Erkältung. Ihr meint, wir sollten nicht erwarten, daß einer von euch diesen Zustand erreichen könnte. Nein, meine Freunde, niemand von euch ist ein Meister, aber das ist das Ideal, nach dem ihr strebt. Vor langer Zeit, als Menschen im Kloster ihr Leben Gott weihten, galt es als Sünde, krank zu werden. In einem früheren Leben, an das wir uns noch gut erinnern können, kannten unsere Brüder, die Häuptlinge der Indianer, keine Krankheiten und verließen ihre physischen Körper nicht eines Leidens wegen, sondern nur dann, wenn ihre Inkarnation zu Ende und ihre Zeit für eine Periode der Ruhe und Vertiefung in der geistigen Welt gekommen war. Dann entfernte sich der Geist vom Körper, um in einer höheren Welt Erfrischung zu erhalten. Wie die uralte Mysterienlehre sagt: Wir gehen nach der irdischen Arbeit zur Erholung in den Himmel, und nach der Erholung kehren wir wieder zurück zur Arbeit auf die Erde. Seht einer Zeit entgegen, in der ihr ganz gesund werdet! Es ist eures Vaters Wunsch, daß es so sei und es gibt keinen Grund, warum dies während eures jetzigen Lebens nicht erreicht werden könnte.

Wenn Menschen bei uns Führung, Rat und Hilfe suchen, können wir nicht immer die Grundsätze erläutern, die des Menschen Gesundheit und Wohlsein bestimmen. Deshalb versuchen wir hier nur einige Gedanken anzudeuten, von denen wir das Gefühl haben, die Ratsuchenden könnten darauf ansprechen. Es wäre nicht weise, unseren Bruder mit Wahrheiten vor den Kopf zu stoßen und ihm damit einen Schock zu versetzen, von dem er sich vielleicht lange Zeit nicht erholen könnte. So sprechen wir gewöhnlich liebevoll mit ihm und geben ihm jene Nahrung des Geistes, von der wir denken, daß er sie zu diesem Zeitpunkt verdauen kann. Dann beobachten wir ihn und wenn der Bruder beweist, daß er es ernst meint und bemüht ist, einfache Regeln einzuhalten, wird ihm nach und nach mehr enthüllt. Es gibt schonende Wege, andern zu helfen. Die Wahrheit, die für den einen richtig ist, ist nicht passend für alle. Doch bestehen gewisse Grundregeln für körperliches Wohlbefinden und geistige Schulung.

Eine der Regeln betrifft eure Ernährung. Ihr wißt, der Mensch besitzt außer seinem physischen Körper noch andere feinere Körper, und seine Nahrung liefert Aufbaustoffe sowohl für den physischen Körper als auch für den Ätherleib. Wenn er grobe Nahrung zu sich nimmt, regt er die gröberen Schwingungen an, doch wenn er dazu neigt, nur sonnengereifte Nahrung wie reifes Korn, Früchte, Nüsse und Gemüse zu essen, wird er die höheren Aspekte seines Wesens ernähren und der geistigen Entfaltung helfen. Durch das Essen von derber Nahrung wird seine Schulung härter und länger – das ist der Unterschied.

Von der Geburt bis zum Tod wird der Körper mit giftigen Rückständen angefüllt. Die Nahrungsmittel, die die Zivilisation produziert, verursachen im Körper einen hemmenden, verstopfenden Zustand. Das Wasser, das ihr trinkt, hat oft dieselbe Wirkung. Solche Nahrung verdickt den Blutstrom und verursacht in der Mitte des Lebens und im Alter Trägheit. Wenn ihr den geistigen Pfad gehen wollt, solltet ihr die physischen «Atome» reinigen, und wenn ihr ein reiner Kanal sein wollt, müßt ihr reine Nahrung zu euch nehmen.

Es ist besser kein Fleisch zu essen, weil die Tiere oft im Zustand der Angst getötet werden, und das Blut, das rote Fleisch, überträgt die Furcht und die groben Schwingungen. Ihr würdet sehr entsetzt sein, wenn jemand euch vorschlüge, eure Mitmenschen zu verspeisen. Ihr würdet denken, es sei abscheulich so etwas zu tun. Es gab eine Zeit, in welcher dies entartete Rassen taten, doch ihr betrachtet sie als sittlich verdorben. Es wird nicht mehr sehr lange dauern, bis auch das Essen von Fleisch irgend einer lebenden Kreatur als verwerflich angesehen wird, ganz abgesehen von der ihr zugefügten Grausamkeit. Grausamkeit ist ein sehr wichtiges Thema, und wer den geistigen Pfad geht, muß ganz frei sein von Grausamkeiten jeder Art. Es gibt noch andere Grausamkeit als die Grausamkeit gegen unsere Tierbrüder. Wir bedauern, daß die Menschheit das Ausmaß der Grausamkeit nicht bemerkt, das nicht nur den Tieren, sondern auch der eigenen Art zugefügt wird.

Und nun zu der stark umstrittenen Frage des Rauchens. Wir sagen niemals, «tue dies oder tue jenes», wir berichten nur was wir wissen. Die Wahl hängt von euch ab. Es ist viel besser, nicht zu rauchen, besser für euer ganzes Wesen. Es trägt zur Selbstbeherrschung bei, wenn ihr diese Angewohnheit ablegen könnt. Rauchen verstopft und hemmt sowohl den physischen als auch den ätherischen Körper, und obwohl wir zugeben, daß es auch Raucher gibt, die den geistigen Weg gehen und dennoch Fortschritte machen, so ist doch ihr Wirkungsfeld beschränkt. Rauchen ist Gift, so auch Schwarztee und Kaffee. Wenn ihr Tee haben *müßt,* so trinkt chinesischen, Kräuter- oder Maté-Tee. Doch mögen wir keinerlei Fanatismus. Wir raten immer zum Mittelweg, zum Streben nach Unterscheidungsvermögen, Gleichgewicht, Weisheit. Je mehr geistige Wahrheiten ihr erkannt habt, umso weniger werdet ihr von fleischlichen Gelüsten beherrscht sein.

Doch ist nicht die Wahl der Nahrung das Wichtigste, sondern die Art eurer Gedanken und eure allgemeine Lebenseinstellung, denn alle eure Körper, der physische, mentale, ätherische, astrale und geistige, sind Tempel des Geistes, des Göttlichen in euch. Deshalb sollt ihr ständig versuchen, euch den göttlichen Schwingungen anzugleichen und in ihnen zu leben, immer zu Gott hinstrebend.

Haltung

Die richtige Körperhaltung ist eine große Hilfe. Wenn du übst gerade zu stehen, Fersen beieinander, Füße im richtigen Winkel, Gewicht auf den Ballen, dann streckt sich das Rückgrat, wird senkrecht und bewirkt den Gleichklang aller Körper. Wenn du dich in den Stuhl fallen läßt, wird das Rückgrat gekrümmt, der ganze Rücken geschwächt und die Wirbel werden zu locker als Folge der liederlichen Art zu sitzen, so daß Rückgratbeschwerden, wie oft sie auch behandelt werden, immer wieder in Erscheinung treten.

Durch ständiges Bemühen wird es dir zur Gewohnheit, gerade, aufrecht und leicht auf den Fußballen zu stehen und zu laufen. Dies verleiht dir die richtige Haltung und einen anmutigen Gang. Hast du einmal einen Indianer beobachtet, wie er läuft? Von ihm kannst du sehr viel über Haltung und Bewegung lernen.

Du wirst es mit der Zeit auch viel bequemer finden, gerade zu sitzen und dich auf dein Rückgrat zu verlassen, statt Halt von der Lehne des Stuhles zu erwarten. Du hast es versucht, sagst du, und findest, es sei unbequem und bereite dir Schmerzen. Das ist deshalb so, weil dein Rücken vom unrichtigen Gebrauch geschwächt ist. Gott hat deiner Wirbelsäule genügend Kraft verliehen, um deinen Rücken bequem gerade zu halten. Versuche es selbst und spüre, welch ein Unterschied es für deine geistige Haltung bedeutet, wenn du dich auch körperlich gerade hältst. Diese Haltung erfüllt dich mit Licht, denn so kann das geistige Licht in den Scheitel deines Kopfes eindringen und ohne Hindernis durch das Rückgrat bis zum untersten Wirbel hindurchfließen. Deine Füße, frei und geschmeidig, wie sie sein sollten, sind in der Lage, magnetische Kräfte aus der Erde zu ziehen, denn die Füße wie auch die Hände sind wichtige empfindsame Zentren. Diese durch deine Aura zirkulierenden magnetischen Kräfte können dir zu der von dir ersehnten Energie und Vitalität verhelfen.

Während deiner Meditationsübungen solltest du aufrecht sitzen, Kopf und Rücken gerade halten, die Hände sollten leicht zusammengelegt, der Körper entspannt, dein Gemüt gelöst und friedlich sein. So entsteht eine positive Haltung, die dich gegen negative Einflüsse schützt.

Atmung

Viele Leute sterben vor Ablauf ihrer eigentlichen Zeit, weil ihr Körper durch falsche Ernährung, dem Einatmen von unreiner Luft über einen langen Zeitraum und ungenügendem Ausatmen mit Gift angefüllt ist.

Yogatraining wird oft abgelehnt. Der westliche Körper, so meint man, brauche eine besondere Form der Entwicklung, und die östliche Methode sei nicht passend für den Westen. Doch wir können dir eine Atemmethode zeigen, die dem westlichen Körper angemessen ist. Es ist kein östlicher Yoga, sondern eine Yogaatmung, die dem Schüler des Westens entspricht.

Manche werden dir raten, alle Yoga-Atemübungen

zu unterlassen, doch wenn du unseren Rat befolgst, wird sich nur Gutes ergeben.

Während des Anfangsstadiums solltest du nicht zu tief atmen oder den Atem zu lange anhalten, denn dies kann Herzklopfen und Schwindelgefühl verursachen. Auch sollte kein Gefühl von Anstrengung entstehen. Jede Atemübung sollte harmonisch sein und Frieden und Wohlbefinden, nicht Unwohlsein hervorrufen. Während deiner geistigen Entwicklung suche stets Harmonie. Bahne dir deinen Weg (bildlich gesprochen) nie mit den Ellbogen, weder körperlich noch in seelischer und geistiger Hinsicht.

Nur ganz Wenige atmen gänzlich aus und leeren ihre Lungen vollständig. Viel zu viele Menschen atmen nur mit den Lungenspitzen und behalten in den übrigen Teilen der Lunge Anhäufungen von verbrauchter Luft. Dies ist eine schlechte Angewohnheit, die meist während des ganzen Lebens beibehalten wird. Lerne tief einzuatmen und vollständig auszuatmen. Dies wird jedoch ohne ständiges Üben kaum zur Gewohnheit werden. Du solltest auch lernen langsam zu atmen, leise, harmonisch, allmählich den Atem tiefer und tiefer einziehen, bis du auch die untersten Teile der Lunge füllst und leerst und sich die Rippen voll ausdehnen während du einatmest.

Wir empfehlen folgende Übung: Nachdem du zuerst die Nasenlöcher gesäubert hast, stelle dich vor ein offenes Fenster. Während du einatmest, trachte danach, an Gott zu denken, fühle, wie Gott in dich einströmt. Dann, während du ausatmest, sende deinen Segen über alles Leben aus. Durch diese Übung kann dich das geistige Sonnenlicht erfüllen und durchstrahlen und das geistige Zentrum oder Chakra zwischen den Augenbrauen wird angeregt. Von da aus kannst du das Licht zum Herzzentrum leiten, um dem Samenatom (seed-atom), das seinen Sitz im menschlichen Herzen hat, geistiges Sonnenlicht zu bringen. Doch davon werden wir später noch sprechen. Mache diese Übung täglich wenn du kannst, und solange du möchtest, doch ohne Anstrengung. Während du übst, richtig und aufrecht zu stehen, zu sitzen und zu gehen, betonst du auch die korrekte *geistige* Haltung. In der Vorstellung blickst du direkt in das Licht der *geistigen* Sonne, so daß du nichts anderes sehen kannst, als den Glanz dieser Sonne – die Herrlichkeit des Christus. Du bist dir nicht mehr des gedanklichen Chaos um dich bewußt, sondern siehst nur noch das strahlende Licht Christi.

Mit aufrechtem Rückgrat und richtiger Haltung atme dieses Licht ein, – atme es ein und nimm es in dich auf – dann sende es aus – verströme es an die Leidenden der Erde.

Du siehst, es ist eine ganz einfache, natürliche und friedvolle Übung, die dir Einklang und Harmonie bringt.

Wir haben euch oft geraten, viel Wasser zu gebrauchen, innerlich wie äußerlich. Ach, hätten wir doch die Macht, euch mit einem Strom kristallklaren, sonnendurchtränkten Wassers zu versorgen, das ihr täglich trinken und worin ihr täglich baden könntet! Leider ist dies nicht möglich, denn die meisten von euch leben in überfüllten Städten. Wir können uns noch gut erinnern, wie sehr wir alle über die kristallklaren Ströme in unserem eigenen Land erfreut waren, aber das ist lange her. Ein kaltes Bad in der Wanne ist ein schlechter Ersatz, und wir möchten euch raten, euch nicht auf etwas einzulassen, das euer System übermäßig angreift. Strebt immer nach Harmonie und fallt nicht in Extreme. Sehr heiße Bäder sind ebenfalls ungesund. Wir schlagen vor, daß ihr die Temperatur eurer Bäder reduziert und euch hinterher kräftig bürstet oder frottiert. Genießt es, aber ermüdet euch nicht dabei.

In großen Städten müßte eigentlich gekochtes oder gefiltertes Wasser zum Trinken verwendet werden, denn das verunreinigte Stadtwasser ist nicht gut für die Gesundheit, weil es oft schädliche Ablagerungen zurückläßt.

Trinke jeden Morgen vor deinen Atemübungen ein wenig Wasser. Während du trinkst, überlege dir den Sinn deines Tuns. Denke: «*Mit diesem Schluck Wasser nehme ich göttliche Weisheit in mein Wesen auf.*» Nimm einen zweiten Schluck und denke: «*Ich nehme göttliche Liebe auf.*» Nimm einen dritten Schluck und denke: «*Ich nehme göttliche Kraft auf.*» So kannst du mit jedem Schluck, den du trinkst, ein wenig von diesen drei göttlichen Aspekten in dich aufnehmen, und während du das tust, wirst du sowohl deinen physischen wie auch die anderen feineren Körper reinigen.

Dann atme bewußt ein und bete: *Segne mich, Odem Gottes, damit ich Deinen Segen allen Menschen, allem Leben und aller Kreatur weitergeben kann...*

II

DIE MENSCHLICHE AURA

Wir wollen uns nun mit der menschlichen Aura beschäftigen und euch erklären, daß die Wesen aus der geistigen Welt nur mit Hilfe dieser Aura mit den Menschen in Verbindung treten können.

Für die feineren Körper werden verschiedene Ausdrücke gebraucht, und die Ausdrücke, die wir benützen, können verschieden sein von denen, die ihr von anderen geistigen Richtungen gewohnt seid. Wir werden versuchen, so einfach wie möglich über dieses Thema zu sprechen.

Wer keine umfassenden Kenntnisse hat, wird die Aura möglicherweise falsch deuten. Jemand, dessen inneres Auge sich eben zu öffnen beginnt, könnte zum Beispiel eine bläulich gefärbte Aura, die nur einige Centimeter vom physischen Körper ausstrahlt, sehen und behaupten, er nehme die ganze Aura wahr. Was er aber in Wirklichkeit sieht, ist die vitale Lebenskraft, die den physischen Körper durchdringt und als Mittler zwischen dem geistigen und dem Erdenleben dient. Diese besondere Aura, Ätherleib oder Vitalkörper genannt, ist mit dem Nervensystem eng verbunden und nimmt all das auf, was sich später als schlechter Gesundheitszustand im physischen Körper auswirkt, und hält die Giftstoffe fest, die das niedere Selbst des Menschen durch falsches Denken, falsche Ernährung und falsche Lebensweise anhäuft.

Mit dem physischen Körper eng verbunden ist ein

körpereigenes Elementarwesen. Dies ist nicht etwas Böses, sondern hat seine Aufgabe und seinen Platz nicht nur in der Evolution des Menschen, sondern auch in allen niedrigeren Lebensformen. Wir sind gefragt worden, woran es liege, daß während des Erdendaseins der Hang zum Bösen so viel stärker zu sein scheine als das Streben zum Guten. Die Antwort darauf findet man in diesem Körper- oder Wunsch-Elementarwesen (body- or desire-elemental), das in den meisten Menschen sehr stark ausgeprägt ist. Während seiner Höherentwicklung wird der Mensch lernen, daß sein höheres Selbst, das in den meisten von uns nur unvollkommen zum Ausdruck kommt, zur völligen Beherrschung des Wunsch-Elementarwesens gelangen muß.

Die wahre Heimat des eigentlichen menschlichen Egos ist der himmlische Leib, die höchste und reinste Aura des Menschen. Auf Geheiß dieses Egos dringt Intuition als Gebot in das menschliche Bewußtsein ein – ihr nennt es das Gewissen. Auch das Körper- oder Wunsch-Elementarwesen hilft dem Menschen bei seiner Entwicklung, als eine Art Ballast, der ihn an die Erde bindet und den es zu überwinden gilt. Ihr alle fühlt diesen Einfluß, doch er sollte nicht als böse angesehen werden, denn er beschleunigt das Wachsen des geistigen- oder Gottes-Bewußtseins hier auf Erden.

Wir haben bereits vom Ätherleib gesprochen, der nicht wirklich eine Aura ist, sondern eine Ausstrahlung des physischen Körpers. Dieser Ätherleib stirbt beim Tod des physischen Leibes bis auf einen kleinen Teil ab und wird in die höchste Aura hinaufgezogen, die wir die himmlische nennen wollen. Der Grund hierfür liegt darin, daß er durch seinen Kontakt mit der Erde gewisse Erfahrungen gesammelt hat, die beibehalten werden, um in nachfolgenden Daseinsstufen Verwendung zu finden, nicht unbedingt in den Himmelswelten, sondern in zukünftigen Inkarnationen.

Was normalerweise vom Hellseher gesehen wird, wenn er die Aura und ihre Farben beschreibt, ist der Astralkörper. Jenseits des Astralkörpers und seiner Aura ist der Mentalkörper und jenseits der mentalen Aura der himmlische Körper, in einigen Schulen der Kausal-Körper genannt.

Die Aura des Astralkörpers besteht aus gröberer oder verfeinerter Substanz, je nach der Qualität des menschlichen Bewußtseins. Wenn das Wunsch-Elementarwesen sehr stark ist und große Macht besitzt, wird die Astral-Aura grob und auch ihre Farbe eher unschön sein. Wenn die Seele die Realität des jenseitigen geistigen Lebens und den Zweck ihrer Inkarnationen erkennt, dann wird dieser Astralkörper feiner und seine Farben schöner. Die Stabilität der Aura hängt von der Beständigkeit des geistigen Strebens, von der Feinheit und Sanftmut der Seele ab.

Die Aura ändert sich normalerweise sehr schnell. Die Farben lodern manchmal klar und hell auf, zu anderen Zeiten verblassen sie und werden matt. Somit kann die Aura einmal als blau und ein anderes Mal als rot oder gelb oder in irgend einer anderen Farbe geschildert werden, was sehr verwirrend ist. Die Farben der astralen Aura wechseln und verändern sich so lange, bis die Seele gefestigt ist, bis sie weiß was sie will und bis sie eine dauerhafte und unveränderliche

Schwingung von Hingabe, Liebe und geistigem Streben erlangt hat. Dann werden die Farben beständig und können sogar in den Auren der höheren Körper wahrgenommen werden. Das bedeutet, daß die höhere mentale wie auch die himmlische Aura von der astralen Aura etwas aufnimmt. Der himmlische Leib ist der immerwährende Leib in den Himmeln, der «Tempel», von welchem in den alten Mysterienschulen gesprochen wurde. In den Freimaurerschulen symbolisierte der Bau des Tempels die Erschaffung des himmlischen Leibes.

Die Ausdehnung der Aura ist unterschiedlich. Jene eines geistig nicht entwickelten Menschen zeigt eine ständige Fluktuation, eine sich ständig verändernde Ausdehnung von einmal zwölf, einmal dreißig, dann wieder fünfzehn Zentimetern und wirkt eher wie ein Nebel. Wenn die Seele ihr höheres Bewußtsein entfaltet hat, wird die Aura gleichmäßiger, ohne hin und her zu wogen. Bei den breiten Massen, die nichts über das geistige Leben wissen, ist die Aura sehr unruhig schwankend und besteht hauptsächlich aus dunkelroten, braunen und orange-braunen Tönen. Die niederen Triebe, die vom Wunsch-Elementarwesen stammen, sind in der Aura durch braune und schwärzliche Farben angedeutet.

Die Tönung der Aura des Astralkörpers reicht beim gewöhnlichen Menschen von matten dunklen Farben, verschwommen und unbestimmbar, wie bereits erwähnt, bis zu einem sehr schönen, gutgeformten, eiförmigen Gebilde, in klaren, harmonischen Farben. Außer der Astralaura kann eine ähnliche, wie ein Ei geformte Aura gesehen werden, jedoch aus noch feinerer Substanz. Es handelt sich um die Aura des mentalen Körpers. Sie kann sich sehr schnell mit den wechselnden Gedanken verändern.

Jenseits der mentalen Aura und sie in feinem Grade durchdringend, befindet sich die Aura des himmlischen Leibes. Sie hat eine wunderschöne Form und kaum beschreibbare Farben, denn auf Erden gibt es nichts, das ihr gleichkommt. In diesen himmlischen Leib mit reiner Aura zieht sich das höhere Selbst des Menschen schließlich zurück, nachdem es durch die Erfahrungen des Erdenlebens, durch diejenigen der Astralebene mit all ihren Stufen und durch die der mentalen Sphäre hindurchgegangen ist. Mit all diesen Erfahrungsbereichen kann der Mensch nur durch seine entsprechenden Auren in Berührung kommen.

Die Auren der einfachen, guten, freundlichen und hilfsbereiten Menschen sind angenehm anzusehen, aber nicht sehr stabil oder stark. Die dunkleren Farben der Aura befinden sich unterhalb, die viel schöneren, helleren oberhalb des Sonnengeflechtes.

In einem hoch entwickelten Ego kann sich die Aura bis zu einigen Metern und im Falle eines Adepten oder Meisters bis zu einem Kilometer und mehr ausdehnen. Wenn ein liebenswürdiger, geistig reger Mensch in eure Nähe kommt und obwohl ihr seinen Geist nicht sehen könnt, sind dennoch die meisten von euch in der Lage, seine Aura zu fühlen oder sogar zu riechen. Die Aura hat einen «Duft», welcher im Falle eines Meisters oder Adepten nicht zu verkennen ist. Die Aura eines jeden hochentwickelten Wesens hat ihre eigene harmonische Strahlung. Wenn ihr in Meditation versunken seid und ein hohes Wesen sich euch nähert, kann euch sein Kommen durch Musikklänge kundgetan werden.

Wir sind gefragt worden, was ein Hellsehender eigentlich sieht, wenn er die Gestalt eines physisch nicht anwesenden Adepten beschreibt. Es kann eine Gedankenprojektion des Adepten oder die Projektion seines Astralkörpers sein. Im Falle eines jüngeren Schülers, der sich der wohltuenden Gegenwart seines Meisters bewußt ist, wenn der Adept ihn segnet und die Essenz seines Wesens in der Aura seines Schülers zurückläßt, ist es eine Gedankenprojektion. Wenn aber eine bestimmte Arbeit zu tun ist und ein Gespräch mit dem Adepten stattfindet, handelt es sich um die Projektion seines Astralkörpers.

Während du auf der Erde bist, formst du deine entsprechenden Auren durch dein Wunschdenken, welches auf den Astralkörper, den Mentalkörper und den himmlischen Leib wirkt. Deine Taten und Reaktionen, deine Gedanken und Sehnsüchte formen den himmlischen Leib. Aber du tust mehr: Du formst Substanz aus dem höheren Äther, die sich, sobald die Zeit gekommen ist, wieder auf der Erde manifestieren wird, dann nämlich, wenn du dich wieder inkarnierst. Du siehst, auch wenn du es nicht wahrhaben willst, daß du, du selbst es warst, der sich seinen heutigen physischen Körper erschaffen hat.

Während der Mensch zwischen den Inkarnationen in den höheren Sphären lebt, wird er sich bewußt, daß er nicht zufrieden ist mit seinem Tempel und daß er noch weitere Baustoffe braucht. Er weiß, daß der einzige Weg, mehr und besseres Baumaterial zu finden der ist, erneut zu einem Erdenleben zurückzukehren, um sich dieses Material zu erarbeiten. Alle Bestandteile, die nicht für den himmlischen Leib, den Tempel, gebraucht werden, fallen ab und werden aufgelöst, nur das Brauchbare wird beibehalten. Dieses Brauchbare können wir das Dauerhafte oder das Samenatom nennen. Dieses dauerhafte Atom wird zum Nährboden des Körpers, den wir während unserer nächsten Inkarnation bewohnen werden. So erkennen wir, wie wichtig es ist, sich der Führung des Geistes anzuvertrauen und nicht dem Wunsch-Elementarwesen die Herrschaft zu überlassen.

Das Gebet ist ein sehr machtvolles Instrument, wenn man sich seiner mit gebührender Aufrichtigkeit und Demut bedient. Bete nur um eines – um Gottes Liebe. Bete um ein Zunehmen des göttlichen Lichtes, weniger für dich selbst, als zum Wohle anderer, damit sie durch dieses Licht gesegnet werden. Das ist die beste Art zu beten. Bete um Gutes für deinen Bruder und überlaß alles Gott! «Nicht wie *ich* will, Vater, sondern wie *Du* willst! Deiner liebenden Fürsorge vertraue ich alle, die ich liebe, an. Dein Wille soll auf Erden geschehen, wie im Himmel.»

III

KONTAKTE ZWISCHEN DEN WELTEN

Wir möchten euch helfen, euer Bewußtsein zu den Sphären der Harmonie, der Wahrheit und der Liebe zu erheben. Der Zweck der Entfaltung der inneren Kräfte, die alle Menschen mehr oder weniger besitzen, ist die Erweiterung des Bewußtseins in geistige Sphären und die Entwicklung der Fähigkeit, Eindrücke der Wahrheit und Harmonie von diesen Sphären und den dort lebenden Wesen zu empfangen.

Wahrheit ist wie ein Spiegel, der das Gesetz Gottes widerspiegelt. Wir müssen uns körperlich, seelisch und geistig vorbereiten, ehe wir die in den höheren Welten existierende Wahrheit erkennen, widerspiegeln und weitergeben können.

Es wird viel von übersinnlichen Phänomenen und von Beweisen eines Lebens nach dem Tode gesprochen, wobei die Betonung auf wissenschaftlicher Erforschung liegt, jedoch das geistige Weltbild als nicht wissenschaftlich abgelehnt wird. Diese Ansicht möchten wir richtigstellen und klar machen, daß es nichts Unwissenschaftliches im geistigen Gesetz gibt. Das geistige Gesetz ist ewig wahr, während die Aussagen der Wissenschaft fast jährlich wechseln. Das was heute als richtig betrachtet wird, kann morgen abgelehnt und vergessen sein. Beim geistigen Gesetz gibt es keine Veränderung, der Mensch aber wächst und entwickelt sich. Mehr und mehr Wahrheiten werden ihm enthüllt, wenn sein inneres Selbst an Erkenntnis zunimmt, doch das Gesetz bleibt immer dasselbe.

Die Wissenschaft des Geistes ist die wahre Wissenschaft auf Erden und in den höheren Welten. Wenn einem Menschen dies bewußt wird und er sein Leben nach kosmischen und geistigen Gesetzen ausrichtet, ist er wahrhaftig ein Mann der Wissenschaft. Laßt uns in erster Linie festhalten, daß die geistige Entfaltung der inneren Fähigkeiten eines Menschen ein wissenschaftlicher Prozeß ist. Wenn du die göttlichen Gesetze nicht beachtest, wird irgendwo in deinem Wesen Chaos entstehen. Aber wenn du die Gesetze Gottes studierst und an ihnen festhältst, wenn du der inneren Gedankeneingebung deines Geistes gehorchst und unerschütterlich Schritt für Schritt auf dem Weg vorwärts gehst, wirst du eine tiefe Quelle der Weisheit in deinem Herzen entdecken. Dadurch wird sich deine Aura ausdehnen, so daß sie beides berührt, die Höhen und die Tiefen des Lebens. Beachte, daß wir sagten: Die Tiefen! Des Menschen Bewußtsein und Erkenntnis müssen sich nach beiden Richtungen ausdehnen und beide Enden der Skala erreichen.

Dein Bewußtsein und deine Aura müssen sich ausdehnen, um die Höhen, Tiefen und Weiten des Lebens zu umfassen, um dadurch mehr Toleranz und Liebe für deine Mitmenschen und alle Lebewesen, wie auch eine große Gelassenheit des Geistes zu erlangen. Du wirst durch nichts mehr erschüttert und schockiert sein, sondern hinnehmen und verstehen, daß die Menschheit auf allen ihren Stufen im Prozeß der Entwicklung begriffen ist, auf dem Weg zurück zu Gott, von dem alles ausging.

Die Entfaltung deiner inneren Fähigkeiten, durch die du geistige Kraft und inneres Gleichgewicht erwirbst, wird dich reinigen und stärken und deinen Körper heilen. Es ist durchaus wissenschaftlich, wenn man sagt, das Einströmen des göttlichen Lichtes in das Herzchakra und das Durchfließen dieses Lichtes durch den physischen, ätherischen, astralen, mentalen und himmlischen Körper verschöne und stärke alle diese Körper.

Ein geistig entwickelter Mensch ist nicht schwach. Es stimmt nicht, daß Geistigkeit gleichbedeutend ist mit Überempfindlichkeit, Scheu und Schwäche. Es ist wahr, gewisse mediale Seelen sind wie zarte Blumen und werden von jedem rauhen Wind hin und her geblasen. Dies aber ist auf eine unausgeglichene Sensibilität zurückzuführen, die weder Gesundheit noch gesundes Denken bringt und auch kein geistiges Wachsen. Entschließe dich daher, den sicheren Weg der wahren Charakterbildung zu gehen. Während du lernst, deinen Mitmenschen größere Liebe entgegen zu bringen, wird sich deine Aura in geistiger Gesetzmäßigkeit erweitern. Wenn die Naturwissenschaft bereit ist, von der Geisteswissenschaft geführt zu werden (und dazu wird es eines Tages kommen), werden der Menschheit Geheimnisse, die in der uralten Weisheit verwahrt sind, wieder enthüllt.

So wie das geistige Bewußtsein der Menschheit wächst, wird der Schleier zwischen der Erde und der astralen Welt allmählich dünner, und das Verständnis dafür, wie nahe sich die beiden Welten eigentlich sind, wächst. Erfahrungen wie zum Beispiel astrale Wanderungen werden nicht nur möglich, sondern für den noch inkarnierten Menschen ganz normal sein, und somit wird ihm die Unwirklichkeit des Todes veranschaulicht.

Durch die geistige Entfaltung wird eine Gewißheit in dir heranwachsen, die stärker ist als alle Beweise, die du durch ein Medium erlangen könntest. Die sogenannten Toten sind niemals gestorben! Du wirst ohne jeden Zweifel wissen, daß deine «Toten» leben. Deine Überzeugung aber wird nicht aus Beweisen des äußeren Verstandes, sondern aus einem inneren, unerschütterlichen Wissen kommen.

Die Astralebenen

Wenn des Menschen latent vorhandene übersinnliche Fähigkeiten erwachen, können durch mangelnde Erfahrung Schwierigkeiten auftreten und Verwirrung entstehen, denn es besteht die Gefahr, daß die Verbindung zur astralen Ebene nicht über die sogenannte «Ebene der Illusion» hinausreicht. Dies ist die Ebene, die die Erde unmittelbar umgibt. Doch der Kontakt mit der Ebene der Illusion kann wertvolle, wenn auch manchmal schmerzhafte Lektionen erteilen, und eine der wertvollsten betrifft das Unterscheidungsvermögen, d.h. die Fähigkeit, das Wahre vom Falschen zu trennen.

Die astralen Ebenen sind nicht weit von der Erde entfernt. In Wirklichkeit sind sie so nahe, daß viele okkulte Schulen das astrale Leben mehr oder weniger als eine Erweiterung des Erdenlebens betrachten. Das astrale Leben unterscheidet sich vom Erdenleben lediglich durch die Andersartigkeit der Schwingung. Diese Ähnlichkeit ermöglicht es den auf der Astralebene lebenden Wesen, die Menschen der Erdsphäre zu beeinflussen, und die Gedanken und Gefühle der Menschen wiederum wirken auf die Wesen der Astralebene zurück. Die Bewohner der gröberen und niedrigeren Stufen der Astralebene können die Erdenmenschen gleicher Neigung erreichen, wann immer sie wollen, und so aus zweiter Hand Gelüste befriedigen, denen sie einstmals auf Erden frönten. Viele Bewohner der unteren Astralebene sehnen sich danach, in das physische Leben zurückzukehren, um durch Kontakt mit den Menschen ihre Begierden zu befriedigen.

Durch eure Weisheit und Liebe kann diesen Wesen geholfen werden und während ihr ihnen helft, schützt ihr auch jene auf Erden, die Gefahr laufen, von diesen Astralwesen schlecht beeinflußt zu werden.

Wenn die Seele nach dem Tode den physischen Körper verläßt, durchquert sie in den meisten Fällen eilig die erdnahen astralen Ebenen. Während dieser Reise werden alle Arten von Erinnerungen die Seele bedrängen. Dieser Zustand ist unwirklich und sollte nicht lange dauern. Wenn aber das Interesse der Seele während ihres Erdenlebens auf allzu Materielles konzentriert war, wird sie auch nach dem Tode an der Illusion der Materie festhalten und deshalb länger brauchen, um die höheren Welten der Wahrheit und Wirklichkeit zu erreichen.

In deiner geistigen Entfaltung wirst du eine Phase durchmachen, in der du mit Sicherheit Kontakt mit dieser Welt der Illusion aufnimmst, und es wird eine heimtückische und beunruhigende aber dennoch wertvolle Erfahrung sein. Du magst Botschaften erhalten, welche dir zuverlässig erscheinen, und doch wirst du eines Tages ernüchtert und enttäuscht sein. Laß dich nicht entmutigen durch diese Erfahrungen. Sie alle gehören zu deiner Schulung, und es ist besser für dich, Enttäuschungen zu erleiden, als diesen Erfahrungen ganz auszuweichen. Es ist ein Bewußtseinszustand, durch den jede Seele gehen muß.

Jeder von euch hat die latente Fähigkeit, Eindrücke und echte Mitteilungen von Wesen anderer Welten zu erhalten. Jeder von euch ist medial im Sinne geistiger Aufnahmefähigkeit. Doch die Qualität einer erhaltenen Botschaft wird von der Qualität eures seelischen Bewußtseins abhängen. Durch den Kontakt mit der Welt der Illusion werdet ihr die Fähigkeit erhalten, die Wahrheit zu erkennen – das Wahre vom Falschen zu unterscheiden. Das Erdenleben ist voll trügerischer Täuschungen. Sowohl die Dinge als auch die Leute sind nicht immer das, was sie zu sein vorgeben. Ein wichtiger Teil eurer geistigen Entfaltung ist die Entwicklung des wahren Unterscheidungsvermögens.

Botschaften, die unwahr erscheinen, sind nicht notwendigerweise in ihrer Absicht boshaft. Sie können dir absichtlich gegeben werden, damit du lernst, Haltung und Gleichgewicht zu bewahren. Betrachte sie nicht als böse, sondern lerne, sie mit Weisheit und Besonnenheit hinzunehmen. Wenn dein Lehrer und geistiger Führer dir Botschaften gibt, ist er in erster Linie am Gesamtplan der geistigen Höherentwicklung interessiert. Seine Liebe zu dir ist rein und frei von persönlicher Begrenzung. Sein Denken und Streben ist nicht auf einen Einzelnen allein gerichtet, sondern auf das Wohl des Ganzen. Botschaften, die dir schmeicheln und dir viel Persönliches und Eigennütziges versprechen, können dir gegeben werden, um dich zu prüfen.

In der geistigen Entfaltung kommen scheinbar widersprüchliche Angaben oder Widersinnigkeiten vor. Erwäge vorsichtig alles, was gesagt wird. Wenn Darstellungen widersprüchlich erscheinen, versuche sie miteinander in Einklang zu bringen. Die Wahrheit hat immer mehrere Aspekte und viele Wege führen zu Gott. Deshalb sei nicht dogmatisch, verurteile nichts und niemanden. Sei in deinem Suchen nach Wahrheit systematisch und geduldig.

Übersinnliche Kontakte

Parapsychologie und spiritualistische Kommunikation sind erste notwendige Schritte, um die Menschen für die Aufnahmefähigkeit höherer Wahrheiten vorzubereiten. Der Spiritualist fand experimentell, daß er mit vielen Seelen auf vielen verschiedenen Stufen in den erdnahen Ebenen Kontakte aufnehmen konnte. Nicht alle diese Kontakte erwiesen sich als hilfreich, im Gegenteil, manchmal waren sie sogar irreführend. Der bessere Weg, einen guten und sauberen Kontakt zu erhalten, ist das Streben nach Selbstlosigkeit und das Stärken und Verfeinern des eigenen Charakters. Kein dunkles Wesen aus der Ebene der Illusion kann Eintritt in deine Aura erhalten, wenn dort nicht etwas ist, das den Kontakt möglich macht, etwas Schattenhaftes, das dieses Wesen anzieht. Dann geschieht es, daß Verwirrung und Unheil entstehen. Wir sagen noch einmal, daß keine ruhelose oder bedrängte Seele deine Aura betreten oder dir in irgendeiner Weise schaden kann, wenn du dich mit deinem ganzen Wesen entschieden hast, dies nicht zuzulassen, denn dann ist der Zutritt verschlossen, und du bist Meister in deinem eigenen Hause. Nichts kann dir je schaden, wenn nicht eigene Schwächen, Torheiten oder Eitelkeiten deinerseits den Zutritt ermöglichen.

Unter gewissen Umständen ist es berechtigt, den Schleier, der zwischen einer kürzlich verstorbenen Seele und den Hinterbliebenen besteht, zu durchdringen. Es ist wie wenn ein uns Nahestehender eine lange Reise angetreten hat und er uns eine Botschaft zukommen läßt, die von seiner guten Ankunft, guten Gesundheit und seinem Wohlbefinden im anderen Land berichtet. Oder es könnte ein Unrecht vorliegen, das die neuangekommene Seele unbedingt richtigstellen möchte, oder eine hinterbliebene Person braucht Hilfe und Trost.

Aus diesen oder ähnlichen Gründen ist es richtig, durch ein Medium Verbindung zu suchen. Doch nachdem diese hergestellt und Friede und Trost den Seelen auf beiden Seiten des Schleiers zuteil wurde, sollte erkannt werden, daß beide, der Hinterbliebene und der geliebte Mensch in der geistigen Welt, wichtige Arbeit zu leisten, ihr eigenes Leben zu leben und Verantwortung zu tragen haben. Versuche nicht, der geistigen Welt deine alltäglichen Sorgen und Verantwortungen aufzubürden, indem du sie um Rat angehst für Dinge, die du sicherlich selbst entscheiden und danach handeln könntest. Sei tapfer und nimm dein Leben guten Mutes wieder auf. Wenn du dies beherzigst, wirst du deinem geliebten Menschen in der geistigen Welt immer näher kommen.

Es gibt Geistwesen, die mit einer besonderen Mission zurückkommen, um den Menschen auf der Erde zu helfen. Unter diesen sind jene geistigen Führer und Helfer, die viel Zeit opfern, um Verbindungen zwischen dem Diesseits und dem Jenseits herzustellen. Ihr Dienst ist wertvoll und nicht leicht und sollte hoch geschätzt werden. Die Stunden, die sie den Menschen schenken, sollten diesen heilig sein.

Lange nicht jeder, der in die andere Welt geht, kehrt zurück, um mit seinen Lieben auf der Erde Kontakt aufzunehmen. Deshalb sei nicht allzu sehr bekümmert, wenn keine Nachricht von drüben kommt. Wisse, daß er/sie gegangen ist, um einen Platz vorzubereiten, und daß euer beider Leben für eine Zeitspanne getrennt bleiben muß, solange, bis dein inneres Selbst gelernt hat, sich für Momente vom äußeren Leben zu lösen und so eine geistig-seelische Verbindung auf höherer Ebene zustande kommen kann.

Wir möchten jedem von euch helfen, eure seelischen Fähigkeiten zu entfalten, so daß eine tiefe, innige Verbindung mit den Seelen in der geistigen Welt nicht nur eine Möglichkeit, sondern mit der Zeit auch eine Selbstverständlichkeit wird.

Eigentlich gibt es keine Trennung, nur das *Selbst* trennt, und dieses Selbst ist die wahre Ursache für den Stachel der Trauer. Sei unerbittlich mit dir selber, analysiere deine Gefühle, stelle fest, wieviel von deiner bitteren Auflehnung gegen den Verlust und die darauf folgende Einsamkeit von egoistischen Beweggründen und Selbstmitleid herrührt. Überwinde all dies, bevor du Verbindung aufzunehmen versuchst, denn solche negative Gefühle sind imstande, dir und jenen, die du liebst, zu schaden.

Warum empfindest du Trennung und Einsamkeit, wenn doch alles der Einheit entgegenwächst? Jedes Leben ist wie ein Wassertropfen im Ozean, ein Tropfen, der sich entweder mit anderen Tropfen vereinigen oder vom Ozean getrennt bleiben kann, aber er bleibt immer Wasser und ist somit ein Teil des Ganzen. So ist auch unsere Analogie zu verstehen: Jede Menschenseele ist Gott in Embryo-Form, und die Menschheit als Ganzes ist eine Gemeinschaft von winzigen Gott-Zellen, alle mit Gott in einer großen Einheit verbunden. Jede Zelle hat die Möglichkeit, sich von ihren Mitzellen abzusondern, nicht aber von Gott.

Des Menschen innerstes Selbst ist die Essenz Gottes, der göttliche Funke. Der Mensch ist nach Gottes Ebenbild erschaffen. Wenn er diese überragende Wahrheit ganz erkennt, wird alles, was unecht und weltlich ist, von ihm abfallen. Dann wird der Mensch nicht länger in Begriffen von «hier und dort» denken und fühlen, sondern in einem überall-zugleich-sein, wo sich keiner von Gott trennen und niemand für sich selbst leben kann. Tränen, Sorgen und Tod haben dann ihre Gewalt über den Menschen verloren.

Das niedere Selbst ist beides, Fessel und Gefängnis. Wenn sich alle deine Gedanken und Gefühle auf deine eigene Person konzentrieren, ist dein wirkliches Selbst eingeschlossen wie ein Gefangener. Aus dem wirklichen, dem höheren Selbst jedoch, dem wahren Menschen, spannen sich Fäden der Zuneigung, Sympathie und Liebe zu jeder anderen Seele, zu jedem Wesen, zu sichtbarem und unsichtbarem Leben, zur Engelwelt, zu Christus, zu Gott. Das muß so sein, weil kein anderer Weg für das innere Selbst offen ist. Es muß sich verströmen an alles was lebt, und seine einzige Grenze ist die Grenze des Weltalls. Wir sind nach Gottes Ebenbild erschaffen und das ganze Weltall ist Gott. Auch der Mensch ist gut – ist Gott.

IV

WEISHEIT AUS HÖHEREN SPHÄREN

Euer aller Wunsch ist, von Wesen aus höheren Ebenen inspiriert zu werden. Vielleicht wißt ihr um euren geistigen Führer, doch habt ihr keine Ahnung, auf welche Weise die älteren Brüder durch euch wirken könnten. Es mag sein, daß euer geistiger Führer unter der Leitung der älteren Brüder arbeitet, deren Bestreben es ist, euch als Werkzeug auszubilden und euch gleichzeitig in eurer geistigen Entwicklung zu fördern.

Wenn ihr den selbstlosen Wunsch habt, ein Werkzeug zu sein, durch welches die älteren Brüder die Menschheit inspirieren, heilen, führen und segnen können, nehmt ihr unwillkürlich geistiges Licht in eure Aura auf. Als Diener des Lichtes wird euch der geistige Lehrer und Führer sehr nahe kommen. Denkt daran, daß alle Menschen mediale Fähigkeiten besitzen, und alle können helfen, je nach ihrer besonderen Veranlagung.

Du magst ein Heiler, ein Lehrer, ein Musiker, ein Schriftsteller, ein Künstler sein. Was auch immer dein Beitrag für die Menschheit sein mag – indem du danach strebst, dich mit den unsichtbaren Welten in Einklang zu bringen, wirst du zum Kanal oder Vermittler für die Weisen aus der jenseitigen Welt.

Ein jeder von euch hat sich inkarniert, um gewisse Eigenschaften zu entwickeln, die dann in euren himmlischen Leib, auch himmlischer Tempel genannt, eingebaut werden. Ein Eingeweihter besitzt in seinem höheren geistigen Leib alle Eigenschaften und Qualitäten, die für ein vollkommenes Gott-Bewußtsein notwendig sind. Als Eingeweihter benötigt die Seele keine weiteren Inkarnationen mehr, es sei denn, sie möchte auf eigenen Wunsch zurückkehren, um der Menschheit zu helfen.

Ihr aber seid noch sehr menschlich, seid alle noch im Erdenleben verhaftet. Gewisse geistige Qualitäten sind nur teilweise entfaltet und eine Menge grober Stoff ist noch in eurem astralen Leib vorhanden. Wenn ihr versäumt, eure Leidenschaften bzw. eure Gedanken und Gemütsbewegungen unter Kontrolle zu halten, verursacht ihr eine Störung in eurer geistigen Schwingung. Eure Führer und älteren Brüder, die nur darauf warten, in euch einen reinen Kanal zu finden, können somit noch nicht mit euch arbeiten. Daher strebt nach Kontrolle, sowohl über den physischen Leib als auch über eure Gemütsbewegungen und den Intellekt. Tut dies nicht so sehr mit eurer Willenskraft, sondern strebt im täglichen Leben unaufhörlich nach Reinheit der Gedanken, die euch zu höheren Schwingungsebenen emporheben.

Geist ist Licht. Des Menschen höheres geistiges Selbst, auch Kausalkörper genannt, ist ein Leib aus Licht. Während ihr zu den Welten des Lichtes emporstrebt, nehmt ihr durch das Herz-, Kopf-, und Kehlkopfzentrum eurer feineren Körper die Qualitäten des erleuchteten Lebens in euch auf. Könnt ihr dies verstehen und richtig interpretieren?

Viele von euch werden während des Schlafes in die Hallen des Lernens in der geistigen Welt geführt, wo ihr den Lehren eines großen Meisters der Weisheit lauscht und vielleicht für eine besondere Aufgabe geschult werdet. Dort vernehmt ihr Wahrheiten, die ihr in euch aufspeichert, so daß ihr bei eurer Rückkehr, vorausgesetzt ihr bleibt im Einklang mit der höheren Welt, plötzlich neue Einfälle bekommt. In solchen Augenblicken ruft ihr aus: «Oh, ein Geistesblitz! Wie komme ich auf diese Idee!» Was ist geschehen? Ihr seid für Eingebungen aus eurem höheren Selbst aufnahmefähig geworden und habt in den Hallen der Weisheit lernen dürfen. Es kann auch geschehen, daß zum Beispiel während des Schreibens eine Eingebung erfolgt und ihr denkt: «Kommt dies nun aus meinem Unterbewußtsein oder ist es wirklich eine Inspiration aus einer anderen Sphäre?» Der geistige Führer kann durch euer höheres Selbst Wahrheiten andeuten, die euer Gehirn dann in Worte kleiden muß, bevor sie in Sprache oder Schrift ausgedrückt werden können. Das Wesentliche der Eingebung jedoch stammt von eurem geistigen Führer.

Nicht alle Menschen sind zu geistigen Kontakten bereit. Sie haben vielleicht auf einer materiellen Stufe noch eine bestimmte Arbeit zu vollenden, um sich und ihren Charakter zu formen und scheinen deshalb unfähig zu sein, auf geistige Einflüsse zu reagieren. Ihr jedoch habt euren Fuß auf den geistigen Pfad gesetzt und ihr werdet geführt, inspiriert und behütet, sowohl im seelischen als auch im irdischen Bereich. Schritt für

Schritt werdet ihr vorwärtsschreiten und neue Chancen werden euch geboten, obgleich ihr sie nicht immer als solche erkennt. Sie werden geboten, um euren Glauben und eure Loyalität gegenüber dem höheren Selbst und den geistigen Mächten zu prüfen. Wenn Schwierigkeiten in eurem materiellen Leben auftauchen, betrachtet sie als Gelegenheiten, bestimmte fehlende Eigenschaften zu entwickeln, wie z.B. Geduld, Ausdauer, Glaube, Vertrauen, Mut, guter Wille etc. Ihr könnt ganz sicher sein, daß keiner von euch vergessen wird. Keine Seele, die bereit ist, als Kanal für das Geistige zu wirken, kann von den höheren Wesen übersehen werden, denn die erwachte Seele ist ein Licht und wird sofort erkannt. Eure Erde, wie wir sie sehen, ist fast immer in Nebel gehüllt, doch gibt es Regionen, die etwas heller sind. Männer und Frauen hingegen, die den Pfad der geistigen Entfaltung gehen, leuchten wie Sterne in dunkler Nacht und werden an ihrem Licht erkannt.

Von der Sinnwidrigkeit Beweise zu verlangen

Eines der größten Hindernisse, das die Entwicklung zur Medialität hemmt, ist der Wunsch nach sogenannten Beweisen. Vielleicht gibt euch euer geistiger Führer eine Inspiration, doch euer niederes Selbst wünscht Beweise und sagt: «Ja, aber gib mir den Beweis, daß du der bist, den du zu sein vorgibst. Kannst du mir sagen, was meine Großmutter in Amerika jetzt gerade tut?» Ihr kennt diese Art von Fragen. Sie sind sehr töricht. Stellt eurem geistigen Führer niemals solche Fragen, denn wenn ihr zweifelt und diese albernen Prüfungen vornehmt, setzt ihr Schwingungen in Bewegung, die in die niedere astrale Ebene dringen und boshafte oder mutwillige Geister ansprechen, die Freude daran finden, ihr Spiel mit einem ungläubigen Thomas zu treiben.

Erinnert euch an die Worte des weisen Meisters, welcher sagte: «An ihren *Früchten* sollt ihr sie erkennen.» Hierzu werdet ihr vielleicht entgegnen: «Ja, aber der heilige Johannes sagte: Prüfet die Geister, ob sie von Gott sind.» Auf jeden Fall prüft sie, aber nicht eurer Norm entsprechend, sondern untersucht stattdessen den Gehalt der Botschaft. Wenn sie einen Klang von Wahrheit, Demut und Liebe hat, braucht ihr nicht weiter zu prüfen. «An ihren Früchten sollt ihr sie erkennen.» Wir können hinzufügen, daß euer geistiger Führer und Lehrer niemals Befehle austeilt, weil das eines der geistigen Gesetze verletzen würde. Gott hat die Macht des freien Willens allen seinen Kindern gegeben. Es kann jedoch geschehen, daß ein drängendes Gefühl euch zwingt, scheinbar gegen euren eigenen Willen oder eure eigene Wahl zu handeln. Wenn das geschieht, ist es eure eigene Seele, euer eigener Geist, der die Leitung und Führung übernimmt. Die höheren Wesen mischen sich niemals in den freien Willen des Menschen. Wenn sie um Führung gebeten werden, zeigen sie den Weg und machen euch auf Möglichkeiten aufmerksam; aber die letzte Entscheidung liegt stets bei euch.

Vielleicht steht ihr schon in bewußtem Kontakt mit eurem geistigen Lehrer (auch Führer genannt), kennt seine Persönlichkeit und fühlt seine sanfte Gegenwart. Andererseits habt ihr vielleicht noch Zweifel und seid nicht ganz sicher. Wenn ihr mit Demut in den Spiegel der Wahrheit sehen könntet, würdet ihr bemerken, daß ein weiser und liebender Lehrer an eurer Seite wartet, um euch zu helfen.

Was ist die Aufgabe eures geistigen Lehrers? Er ist euer Begleiter und Lehrmeister und wirkt durch euer höheres Selbst und durch euer Bewußtsein. Angenommen, ihr fragt in Gedanken während einer Meditation nach dem Sinn von Geschehnissen, über die ihr euch den Kopf zerbrecht. Vielleicht bekommt ihr nicht sofort eine Antwort, sondern dann, wenn ihr es am wenigsten erwartet. In einigen Tagen oder sogar Wochen, wenn euer irdisches Selbst in anderer Weise beschäftigt ist, wird die Antwort plötzlich kommen. Denkt aber daran, daß ihr keine sinnlosen Ansprüche an euren geistigen Lehrer stellen sollt. Fragt, als ob ihr einen weltlichen Lehrer um Klärung eurer Probleme bitten würdet, und die Antwort wird kommen – vielleicht nicht dann, wenn ihr sie erwartet, sondern zu einer Zeit, die die geistige Welt bestimmt. Erwartet nicht, daß der Lehrer eure Arbeit tut oder eure Verantwortung übernimmt. Es ist für jede Seele äußerst wichtig, sich selbst Mühe zu geben und nach Höherem zu streben.

Entsprechend euren Bemühungen hilft der Lehrer euch weiter. Es ist nicht gut, selbstzufrieden seinem

Lehrer alle Arbeit zu überlassen. Das ist ein Fehler, den viele machen. Es ist des Menschen Pflicht, sein Bestes zu tun. Gemäß seiner Talente sollte er die Gaben, die Gott ihm gegeben hat, vervollkommnen und sich selbst bemühen, ohne dabei zu vergessen, daß er in Wirklichkeit nur ein Instrument ist, wie sehr er sich auch anstrengt, seinen Verstand zu schärfen und Kenntnisse zu erwerben. Solange er nicht das Geheimnis erlernt hat, sich mit der wahren Quelle der Weisheit zu verbinden, bleibt er leer, doch sobald er diese Quelle gefunden hat, öffnet er sich dem Einfließen des Christuslichtes und wird fähig, die Gegenwart der geistigen Boten und Helfer zu fühlen und zu sehen.

Wie werden die geistigen Lehrer ausgewählt und warum kommen sie? Zuerst laßt uns versuchen, zwischen deinem Lehrer und andern Helfern aus der geistigen Welt zu unterscheiden. Ein Helfer kann von den «Meistern des Karma» gesandt worden sein, um dir während einer gewissen Spanne deiner Erdenreise beizustehen. Vielleicht hast du um Hilfe gebeten, denn wer hat nicht schon in seiner Seelennot ausgerufen: «O Gott, hilf mir!» Gott hört deine Gebete; die «Meister des Karma» sind immer wachsam; dein Schutzengel ist ständig bei dir und es könnten noch andere Seelen da sein, die eine aus der Vergangenheit stammende, an dir begangene Schuld wieder gut machen möchten. Solch eine Seele könnte sagen: «Erlaubt mir, diesem Menschen zu helfen.» Sie wird kommen, mit dir arbeiten, dir Hilfe und Schutz geben, während du deinen schwierigen Weg gehst. Wenn die Seele ihre Arbeit beendet hat, wird sie in ihre Sphäre zurückkehren.

So könnt ihr während eures Erdenlebens viele Helfer haben, die zu verschiedenen Zeiten kommen, um euch in bestimmten Situationen zu helfen. Andererseits habt ihr nur *einen* geistigen Lehrer und Führer, der euch in seiner oder ihrer Obhut hat und euch während einer Anzahl von Erdenleben betreut. Dieser geistige Lehrer nimmt auf einer viel höheren Ebene Verbindung mit euch auf, als die Helfer, die oft irrtümlicherweise als Lehrer bezeichnet werden. Ihr erfahrt die Führung des geistigen Lehrers durch euer Gewissen oder die Stimme des höheren Selbst, manchmal auch die Stimme Gottes genannt. Diese stille, leise Stimme in euch kann sehr eindringlich werden, und ihr erkennt sie als die Stimme eures geistigen Lehrers, der auf der höchsten Ebene eures irdischen Bewußtseins, oder der höchsten Stufe, die ihr erreichen könnt, solange ihr noch im irdischen Körper gefangen seid, Verbindung aufnimmt. Alles, was liebenswert, rein und wahr ist, wird durchgegeben von eurem höheren Selbst, das auf derselben Ebene wirkt wie euer geistiger Lehrer.

Könnten wir euch doch ein Bild eurer Helfer und eures geistigen Lehrers übermitteln! Wenn der Vorhang, der das Diesseits vom Jenseits trennt, zur Seite gezogen werden könnte, wäret ihr glücklich und dankbar, weil ihr dann wüßtet, wie nahe die geistigen Brüder durch die Macht und den Willen Gottes an euch herantreten, um euch bei eurer Höherentwicklung zu helfen. Wir bitten euch, dies zu glauben. Fühlt die Wärme ihres Händedrucks, ihre leichte Hand auf eurer Schulter und das Verstehen, das sie euch entgegenbringen. Euer eigener geistiger Lehrer kennt eure

Sehnsucht, wie auch jede Schwierigkeit, die ihr tragt und erduldet. Er liebt euch mehr als ihr euch selber liebt und möchte euch in jeder nur möglichen Weise helfen. Ihr seid Kameraden, und der Lehrer ebnet euch sehr oft den Weg. Ihr alle habt schon Beispiele wundersamer Führung und Hilfe erlebt. Es mögen kleine Begebenheiten gewesen sein, und doch seid ihr sicher, daß sie nicht in irgendeiner anderen Weise geschehen konnten als durch geistige Hilfe.

Das karmische Gesetz, das Gesetz von Ursache und Wirkung, ist exakt, gerecht, vollkommen und wahr, doch Gott ist sowohl ein Gott der *Gnade,* wie auch ein Gott der Gerechtigkeit. Durch seine Diener des Lichtes hat er die Möglichkeit, harte und rauhe Wege zu ebnen. Gottes Liebe segnet und begleitet euch.

Der Schutzengel

Früher wuchsen die Christen im Glauben an die Wirklichkeit der Engel auf. Heute aber passen Engel nicht mehr in des Menschen intellektuelle Vorstellung des Universums. Sie werden als legendäre Wesen oder als Gestalten der Einbildung abgetan. Der Gedanke, daß Engel existieren könnten, ist euch so fremd geworden, daß ihr es schwierig findet, euch ein wirkliches, lebendiges Wesen vorzustellen, das eure Seele in seiner Obhut hat. Aber der weise Mensch, der die Existenz der Engel intuitiv erkannt hat, der die ruhige, leise Stimme hört und ihr gehorcht, weiß, daß irgendwo im Hintergrund sein wachender Schutzengel ist.

Wir sprechen die Wahrheit, wenn wir sagen, daß jede Seele auf Erden in der Obhut eines Engels ist, der von den «Meistern des Karma» für diese Aufgabe bestimmt wurde. Auch die Idee des alles aufzeichnenden Engels ist vergessen worden. Doch ein Engel ist tatsächlich ernannt worden, der dein Tun notiert, wie auch deine Reaktionen auf die Stimme Gottes oder auch auf die Versuchung des Teufels, das nur ein anderes Wort für das niedere Selbst ist. Diese dienenden Engel haben nie auf der Erde inkarniert. Ihre Entwicklung ging einen andern Weg, um in das Reich der Engel aufzusteigen. Deshalb verwechsle nicht die Engelwesen mit deinem geistigen Lehrer und deinen Helfern. Obgleich dein Lehrer und Führer und deine Helfer dir sehr nahe kommen und ihren Platz im Plane Gottes haben, ist ihr Dienst an der Menschheit ein anderer als der Dienst der Engel.

Dein Schutzengel verläßt dich *nie.* Vom Moment deines Eintritts in das physische Leben bis zu der Zeit, wenn du es verläßt, und sogar nachher wird dein Engel noch mit dir in Verbindung bleiben. Er befaßt sich mit deinem Karma und leitet dein Leben unter der Führung der «Meister des Karmas». Der Engel ist unpersönlich in dem Sinne, als er darauf achtet, deinen Weg so zu lenken, daß du deine karmischen Schulden abzahlen kannst, oder daß du Gelegenheiten für gutes Karma bekommst, um dein Konto auszugleichen. So bringt jede Erfahrung neue Chancen.

Manchmal wird das niedere Selbst sagen: «Ich will nichts von all dem wissen. Ich will nichts damit zu tun haben.» Und eine Stimme flüstert: «Du solltest es dennoch tun, das weißt du.» Doch das niedere Selbst antwortet: «Ja, ich weiß, aber ich will nicht und ich werde es nicht tun.» Und du tust es nicht. Eine solche Weigerung verursacht eine «schlechte Note» in deinem Lebensbuch. Denke nicht, daß alle geistigen Boten vollkommen und ohne Fehler seien, doch wir weisen dich auf diese Zusammenhänge hin, damit du lernen kannst. Nimm es dir aber nicht allzusehr zu Herzen, nimm es nicht zu schwer, wenn du Fehler machst, sondern denke an die unsichtbare Macht der Liebe in deinem Herzen, die alle Fehler ausmerzen kann.

Der Mensch, dessen Herz von Liebe erfüllt ist, ist nie mutlos, nie verzweifelt. Er gibt sich nicht unsinnigen Ängsten hin, weder für sich selbst, noch für seinen physischen Körper oder für das Wohlergehen derer, die er liebt, denn seine Seele ist durch göttliches Licht und Kraft erleuchtet – und somit kann nichts fehl gehen. Doch, wenn das niedere Selbst sich zu fürchten und sich gegen die Lebensumstände aufzulehnen beginnt, wenn du sagst: «Ich bin enttäuscht, weil sich die Lebensumstände nicht so entwickeln wie *ich* will!», dann folgen Leid und Chaos, weil der Kontakt unterbrochen ist. Hättest du doch immer die Kraft im Frieden Gottes zu leben, könntest du doch immer sagen: «*Dein* Wille, oh Gott geschehe – *Dein* Wille, nicht der meine!»

Doch *strauchelst* du und alles scheint chaotisch zu sein, dann erinnere dich, daß dir ein helfendes Wesen zur Seite steht. Dein Schutzengel hat dich straucheln sehen, aber er wird dich nicht verurteilen. Er vermeidet den Vorwurf: «Habe ich dich nicht gewarnt?» Stattdessen flüstert er in dein Herz: «Nur Mut, ich werde dir helfen, dich wieder zu erheben. Schau' empor, Gott ist ja immer noch da und alles ist gut.»

Halte fest an diesem Gedanken, besonders in Zeiten, in denen du das Gefühl hast, daß ein Schicksalsschlag nach dem andern dich niederzuwerfen droht. Behalte deinen Humor, laß deine Knie nicht weich werden. Erhebe dich und stehe wieder fest auf beiden Füßen. Dein Schutzengel wird dir bereitwillig helfen. Halte durch und sei nicht gleich entmutigt. Die meisten Menschen sind heiter, solange alles nach ihrem Willen geht. Doch seine innere, geistige Kraft zeigt sich erst, wenn ein Mensch auch dann lächeln kann, wenn sich alle Dinge scheinbar gegen ihn wenden. Bedenke, allein durch die Erfahrungen des Erdenlebens gelangst du in die Sphären höheren Lebens. Das Streben nach Gott, nach dem höheren Leben, das ist es, was wirklich zählt.

Weißt du, daß eine im Jenseits lebende Seele unter Umständen von den Schönheiten des geistigen Lebens gleichermaßen ausgeschlossen sein kann, wie eine inkarnierte Seele? Nur gewissenhafte geistige Arbeit hier und jetzt zerreißt die Schleier und ebnet den Weg in die Reiche der Schönheit.

V

AUSSERSINNLICHE WAHRNEHMUNG UND GEISTIGE FÄHIGKEITEN

Am Anfang der Schöpfung ruhtet ihr im Herzen des Logos. Alle Wahrheit liegt in diesem einfachen, zentralen Gedanken. Als ihr in die Inkarnation ausgehaucht wurdet, als ihr euch vom Herzen Gottes gelöst hattet und erkanntet, daß ihr einen freien Willen besitzt, habt ihr diesen wie ein eigensinniges Kind gebraucht. Als Ergebnis seid ihr in den Sumpf des Leidens gefallen. Dort habt ihr sehr gelitten und leidet immer noch. Dennoch habt ihr euch nie ganz vom Herzen Gottes getrennt.

Wenn ihr zu den Wahrheiten der kosmischen Mysterien vordringen wollt, führt euch euer Weg über die Meditation zum Erkennen der leisen, stillen Stimme Gottes. Alle Mysterien der Ewigkeit liegen in eurem Herzen. Kein Buch kann euch belehren, obgleich geistige Anregungen in Büchern zu finden sind. Der Zugang zur Weisheit liegt in Eurem Herzen. Deshalb: «Seid still und wißt, daß Ich Gott bin.»

Doch um Gott zu erkennen, müßt ihr lernen intensiver zu leben. Ihr müßt das Leben in vollem Umfang auskosten, denn wie könntet ihr Gott näher kommen, solange ihr von euren Mitmenschen isoliert bleibt?

«Es braucht einen Gott, um einen Gott zu erkennen.» Und der Mensch, der fähig ist, häßliche und sogar schreckliche Zustände mitzuerleben, der mit jenen fühlt, die in diesen Verhältnissen aushalten müssen und der sich um ihre Leiden kümmert, derjenige, der in der sittlich verdorbensten Person etwas Liebenswertes und Menschliches findet, der in dem schlechtesten Mitmenschen Gott sehen kann – beginnt die Mysterien der Schöpfung zu begreifen.

Auch wenn es euch anfänglich schwer fällt, raten wir euch, die Freuden und Leiden eurer Mitmenschen zu teilen. Weint mit ihnen, lacht mit ihnen, seid einer von ihnen, doch behaltet euer inneres Gleichgewicht. Ihr werdet erstaunt sein, wieviel ihr von ihnen lernen könnt. Schreckt nicht vor dem Kontakt mit den Mitmenschen zurück, sondern versucht die Schönheit hinter der Grobheit und Unreife zu sehen. Ihr sollt mit dem menschlichen Leben eins sein und euch niemals von ihm ausschließen. Lebt das Leben mit eurem Bruder Mensch.

Ihr bestimmt eure Lebensumstände

Es gibt Menschen, die meinen, es gäbe nur wenige, die so viel Kummer auszuhalten hätten wie sie, und glauben, unter anderen Lebensumständen könnten sie so vieles besser machen. Hätten sie beispielsweise ein größeres Einkommen, mehr Freizeit, mehr Muße, wie viel Gutes könnten sie tun. Sie bemerken mit Neid, wie ihr Nachbar mit Reichtum und Freizeit gesegnet ist und über die Nöte seiner Mitmenschen hinwegzusehen scheint.

Meine Freunde, euer Leben wird vom göttlichen Gesetz bestimmt, und ihr befindet euch genau an jenem Platz mit seinen besonderen Lebensumständen, den ihr selbst gewählt habt. «Aber das ist doch Unsinn», werdet ihr sagen. «Ich würde niemals dieses Leben gewählt haben!» Es ist euer niederes Selbst, das so spricht, der vergängliche Teil eures Wesens. Doch das höhere Selbst, der göttliche Geist in euch, weiß was eure Seele braucht. Betrachtet euer Sehnen nach Gott als ein strahlendes Licht, das den Pfad der Seele dauernd erhellt. Nicht ein einziger Augenblick eures Daseins müßte verschwendet werden oder nutzlos sein. Der Zweck eures Lebens und der Sinn hinter jeder menschlichen Erfahrung sind Wachstum und Entfaltung der Seele. Wenn ihr unter der Oberfläche der Erfahrungen nach Weisheit und Erkenntnis suchen wolltet, könntet ihr den Prozeß des Wachstums und der Entfaltung beschleunigen. Nicht was euch auf der äußeren Ebene geschieht, weder eure Lebensumstände, noch der Reichtum, den ihr besitzt oder nicht besitzt, sind von Bedeutung. Wichtig vielmehr sind eure Reaktionen auf diese Lebensumstände, sind die inneren Beziehungen zu den Mitmenschen und zu Gott. Eure Lebensumstände sind gewissermaßen eine Art Einweihung, durch die ihr täglich hindurch müßt.

In der heutigen Zeit wird dem Menschen große Hilfe zuteil. Durch das Einströmen von Liebe, Licht und Kraft aus der geistigen Welt wird der menschliche Geist lebendiger. Die Menschheit wird von einem großen Aufschwung ergriffen. Jene, die eine wirkliche Einweihung erlebt haben, wissen, daß diese eine Bewußtseinserweiterung mit sich bringt, eine Vision der Zukunft vermittelt und den Wunsch erzeugt, so zu leben, daß es möglich wird, mit dem Geistigen in Einklang zu sein, damit die Seele schneller in das himmlische Königreich gelangen kann.

Doch der Durchschnittsmensch weiß nichts von den geistigen Welten, die sein physisches Leben durchdringen. Ein dichter Vorhang trennt ihn vom Jenseits, und er ist unfähig, das Geistige zu erkennen. Er nimmt nur jene Dinge wahr, mit denen er durch seine physischen Sinne Kontakt aufnehmen kann.

Hellsehen

Der Mensch ist sozusagen der Gefangene seines eigenen Körpers. Doch es gibt feinstoffliche und verfeinerte Daseinsstufen innerhalb des Physischen, in welche der Mensch vordringen kann. Wie wir bereits erklärten, befindet sich in unserer siebenfachen Wesenheit der Ätherleib. Der Erscheinung nach ist er ein Doppel des physischen Leibes, aber er besteht aus einer Substanz, die für das physische Auge unsichtbar bleibt. Dieser ätherische Körper ist mit dem physischen Körper verschmolzen, er durchdringt ihn ganz. Er besteht aus einem dichteren und einem feineren Teil und wirkt durch das Nervensystem. Im Tode zieht sich der Ätherleib zurück. Seine gröbere Substanz, die der irdischen Materie ähnlich ist, löst sich zusammen mit dem physischen Körper auf.

Während des Erdenlebens bildet der Ätherleib die Brücke zwischen der Seele und den feineren Welten. Über diese Brücke und über das Nervensystem und den mentalen und vitalen Körper eines Mediums kann ein Geistwesen mit den Irdischen in Verbindung treten. Die Qualität der durchkommenden Botschaft hängt hauptsächlich von dem Charakter des Mediums ab, den Umständen seines oder ihres Lebens, den Voraussetzungen, die durch das Medium gegeben sind und dem psychischen und physischen Zustand desjenigen, dem die Botschaft übermittelt wird.

Ein noch feinerer ätherischer Körper, den wir den Licht- oder Vitalkörper nennen wollen, durchdringt sowohl den gröberen ätherischen und physischen Leib, als auch die höheren Körper – den mentalen, den intuitiven und himmlischen Leib. Dieser Lichtkörper ist somit das verbindende Glied zwischen all diesen Körpern, durch welche geistiges göttliches Licht hindurchfließen kann, bis hinunter zum dichten ätherischen Körper, der seinerseits alles mit dem Gehirn und dem Nervensystem verbindet.

Wenn wir über gewöhnliches Hellsehen sprechen, so meinen wir jene Art des übersinnlichen Sehens, das am meisten bekannt ist. Viele Mißverständnisse bestehen über die Natur des Hellsehens. Der dichtere ätherische Körper ist bei gewissen Menschen nur lose mit dem physischen Körper verbunden und kann sich sehr leicht von diesem lösen. Die ätherische Ebene liegt der Erde derart nahe, daß sie vielen Geistwesen ebenso dicht und schwer zu sein scheint wie physische Substanz. Die niedere ätherische Ebene registriert Bilder, die dann auf die irdische Ebene projiziert werden. Manche Leute, die wir als unfreiwillige Hellsehende bezeichnen möchten, können diese Formen oder Bilder über ihr Sonnengeflecht wahrnehmen. Auch Tiere «sehen» zuweilen auf diese Art. In ferner Vergangenheit, bevor der Mensch in derart nahen Kontakt mit dichter physischer Materie kam, waren unfreiwillige Visionen wie diese allgemein üblich.

Der physische Körper des Durchschnittsmenschen ist nicht sonderlich aufnahmefähig für geistige Einflüsse. Im normalen Menschen ist der Ätherleib im physischen Leib fest verankert und versiegelt, so daß sich der Mensch seiner nicht bewußt ist. Doch wie gesagt, gibt es gewisse Leute, die einen losen Ätherleib haben, der sehr leicht aus dem physischen Körper austreten kann und dann sind Beschwerden wie unkontrolliertes Hellsehen und Besessenheit das Ergebnis. Sehr große Unterschiede bestehen zwischen dem Hellsehen auf der unteren ätherischen Ebene und jenem, das das Ergebnis ist von geistiger Schulung und korrektem Gebrauch der übersinnlichen Zentren oder Chakras.

Der Unterschied läßt sich so beschreiben: Stehe am Ufer eines stillen ruhigen Sees und schaue die Widerspiegelung der Bäume und des Himmels im Wasser. Wie schön ist der Anblick. Ist jedoch die Wasserfläche bewegt, dann wird das Spiegelbild verzerrt. Es ist schließlich nur eine Widerspiegelung, ein Spiel von Licht und Farbe. Nun führt euren Blick zurück zu der wirklichen Landschaft, den Bäumen und dem Himmel, und ihr werdet das sehen, was zuverlässig für eure Sinne klar und wirklich erkennbar ist. So kann man den Unterschied erklären zwischen unfreiwilligem Hellsehen, welches eine Registrierung des niederen ätherischen Körpers und gewöhnlich unkontrolliert und unentwickelt ist, und dem intelligenten oder geschulten Hellsehen, welches Licht oder Antrieb von der Ebene des göttlichen Geistes erhält.

Gewisse Drogen können den Ätherleib vom physischen Körper lösen. Ein berauschendes Getränk bewirkt dasselbe. Es treibt diesen Leib manchmal in ziemlich düstere Sphären, wie es mit jenen Unglücklichen, vom «Delirium tremens» Befallenen, geschieht, wenn ihr Ätherleib die Anblicke und Zustände einer häßlichen astralen Ebene aufnimmt. Eine Narkose treibt den Ätherleib ebenfalls aus. Zuweilen ist das Bewußtsein eines Patienten aktiv, doch meistens bleibt es passiv und übermittelt dem Patienten keine Rückerinnerung.

Es existiert eine Verbindung zwischen dem Ätherleib und den wichtigsten übersinnlichen Zentren, den Chakras, die sich in Kopf, Kehle, Herz, Milz, sowie im Sonnengeflecht und dem untersten Ende der Wirbelsäule (Kundalini) befinden. Der Arzt erkennt diese Zentren als Brennpunkte des Nervensystems. Diese Zentren sind auch mit den verschiedenen Sphären oder Ebenen des geistigen Lebens verbunden. Sie gleichen Blumen mit ihren Blütenblättern. Wenn ihr beginnt, euer geistiges Bewußtsein zu entwickeln, werden sich diese blumengleichen Zentren entfalten. Sie beginnen sich zu drehen, bekommen Leben und Licht und strahlen leuchtende Farben aus. Eure geistigen Führer und Helfer erkennen den Stand eurer Entwicklung an der Schwingung, dem Licht und der Kraft, die sie in diesen Zentren sehen können.

Etliche von euch haben die übersinnlichen Zentren in einer vergangenen Inkarnation erweckt und jetzt, da ihr wiedergeboren seid, strahlen sie ein Licht aus, welches das Gefüge des Ätherleibes zu lösen vermag. Solch einen Menschen nennt man ein «natürliches

Medium» oder einen natürlichen Hellseher. Der «wahre» Hellseher ist einer, der die Kenntnisse mitbringt und weiß, wie er diese Zentren weise gebrauchen kann. Oftmals wird er hierdurch große Werke vollbringen.

Wir hoffen aber, daß ihr jetzt nicht sogleich versuchen werdet, all diese Zentren zu entwickeln! Um dies zu tun braucht ihr weit mehr Kenntnisse als wir euch jetzt vermitteln.

Die Zentren beginnen zu strahlen, wenn Wille und Intelligenz sie zur Tätigkeit anregen. Das Zentrum, das gewöhnlich zuerst auf außersinnliche Begebenheiten reagiert, ist das Sonnengeflecht. Ihr sagt: «Ich kann weder sehen noch hören, aber ich *spüre!*» Wenn ihr versucht zu analysieren was ihr «spürt», wißt ihr es nicht. Aber wenn ihr sorgfältig untersucht, was geschehen ist, werdet ihr entdecken, daß das Sonnengeflecht ein seltsames Gefühl erfahren hat und so «spürt» ihr, daß ihr «fühlt».

Das Zentrum zwischen den Augenbrauen, manchmal das dritte Auge genannt, wollen wir hier als «Stirnchakra» bezeichnen. Dieses Chakra, unter der Leitung des Willens und des geistigen Selbst vernünftig eingesetzt, hilft dem Sensitiven, sich geistiger Sphären bewußt zu werden. Wahres Hellsehen hat nichts mit dem physischen Auge zu tun. Hellsehen erlebt ihr in eurem inneren Selbst. Ihr mögt das Gefühl haben, daß ihr einen bestimmten Gegenstand anschaut, doch in Wirklichkeit schaut ihr tief nach innen, in die eigenen, blumenähnlichen Zentren oder Chakras. Deshalb könnt ihr mit euren geschlossenen Augen hellsichtig sehen. Ihr könnt auf diese Weise sogar besser sehen. Nun werdet ihr sagen: «Ja, aber alles das könnte nur Einbildung sein.» Einbildung ist ein Begriff, der allzu lose gebraucht wird. Ein-bildung oder Vorstellungskraft ist das Tor zu wahrer geistiger Schau.

Denkt nicht, daß das Stirn- und das Sonnengeflechtchakra die einzigen Zentren sind, die gebraucht werden. Wenn ihr die himmlische oder Intuitionsebene berührt, werdet ihr nicht nur mit dem Stirnchakra sehen, sondern auch mit den anderen Zentren – ja, das ganze Wesen sieht. Auf dieser Ebene registriert und widerspiegelt ihr die geistigen Ebenen tatsächlich und ohne Verzerrung. Durch göttliche Liebe beginnt das *Herzzentrum* zu pulsieren und strahlt Licht in wundervollen Farben aus. Dann werdet ihr euch der göttlichen Wahrheit bewußt und zum Vermittler und Kanal für reine Wahrheit.

Hellhören

Jeder kann durch geistige Schulung wenigstens bis zu einem bestimmten Grad hellhörend werden. Hellhören wird von ähnlichen Gesetzen geregelt wie Hellsehen. Beim Neugeborenen ist das Hören der erste Sinn, der sich entwickelt, dann das Fühlen und erst dann das Sehen. Beachtet dies, denn es ist für die geistige Entfaltung bedeutsam. Der Grundsatz des Hermes Trismegistos lautet: «Wie oben so unten – Wie unten so oben.» Die Erfahrung lehrt uns die Wahrheit dieses Grundsatzes, welcher sowohl in exoterischer als auch in esoterischer Hinsicht gilt.

Viele meinen, wenn sie in einem spiritistischen

Kreis die «direkte Stimme» hören, daß sie eine klare und unverfälschte Botschaft direkt von ihren Lieben aus der geistigen Welt erhalten, weil dies anscheinend ohne menschliche Vermittlung geschieht. Aber dem ist nicht so, denn die Stimme wird, wenn auch nicht vom physischen, so doch vom ätherischen Kehlkopf und von den ätherischen Stimmbändern des Mediums erzeugt. So kann die Botschaft, die mit der «direkten Stimme» anscheinend ohne Benützung des physischen Stimmorgans durchgegeben wird, von der Persönlichkeit des Mediums gefärbt sein, weil Kräfte aus dem Ätherleib des Mediums benützt werden um die Stimme zu erzeugen.

Das Kehlkopfzentrum steht in engem Zusammenhang mit der Fähigkeit des Hellhörens. In der Meditation könnt ihr das nachprüfen. Konzentriert euch auf euer Kehlkopfzentrum und ihr werdet unwillkürlich hinhorchen. Wenn ihr gelernt habt, still zu sein und die Macht des Schweigens erkennt, werdet ihr erstaunt sein, daß sich euer geistiges Hören zu entwickeln beginnt.

Außer dem erwähnten ätherischen Hellhören laßt uns nun das *geistige* Hellhören betrachten, die Fähigkeit sakrale Töne und Schwingungen aus rein geistigen Welten zu hören. Jeder kann für die Stimme reinen Geistes empfänglich werden; sie spricht mit der leisen inneren Stimme, der Stimme des Gewissens.

Ist es nicht seltsam, daß ihr gerne die Stimme des Geistes hören möchtet, doch unter keinen Umständen die Stimme des Gewissens vernehmen wollt? Mit vielen Ausreden bringt ihr diese Stimme zum Schweigen. Liebe Freunde, so ihr sie aber beachtet, seid ihr auf dem wahren Weg zum Hellhören oder klaren Hören. Je strenger ihr mit euch selbst seid, je besser ihr eure äußere Persönlichkeit unter Kontrolle habt, sodaß die innere Stimme oder die Stimme des Gewissens gehört wird, desto schneller könnt ihr hellhörend werden.

Du solltest dich selbst als Resonanzboden betrachten, fähig, auf Schwingungen der höheren Welten zu reagieren. Du kannst den Klang, der aus der Stille der Welt des reinen Geistes und aus der höheren astralen Welt zu dir kommt, interpretieren. Hinhören lernen ist der erste Schritt. Fürchte nicht die innere Stimme, ignoriere sie nicht und bringe sie nicht zum Schweigen. Laß sie ein, heiße sie willkommen. Laß sie sogar dann ein, wenn sie dir sagt, daß du im Unrecht bist. Sei dankbar, daß du die Stimme des Gewissens erkennen kannst, denn durch sie wirst du zum wahren Klangkörper und wirst die Stimmen der Engel vernehmen.

Ihr fragt: Können geistige Dinge mit den physischen Ohren gehört werden? Ihr werdet sie in eurer Kehle und in eurem Kopf hören, antworten wir. Es ist schwierig, genau zu erklären was wir meinen, aber die Stimme, der Klang, die Harmonie, die ihr empfindet, wird allmählich klarer werden als die Klänge der physischen Ebene. Es ist durchaus möglich, auch während ihr noch einen physischen Körper bewohnt, euer Bewußtsein so zu erhöhen, daß ihr Melodien höherer Ebenen vernehmt, wobei die störenden Laute der physischen Ebene ausgeschaltet sind.

Es wird dich interessieren, daß Gedanken *gehört* werden können, denn sie lösen eine Schwingung auf der mentalen Ebene aus. In der inneren Welt, auf allen Stufen der astralen Ebene wird ein von dir ausgesandter Gedanke sofort von deinem Helfer empfangen. Ein Gedanke von dir zu deinem geistigen Führer wird tatsächlich *gehört.*

Der innere Frieden

Habt ihr das schreckliche Geschwätz auf der ätherischen Ebene, die an die physische Ebene grenzt, schon einmal vernommen? Es ist, als würdet ihr euren Radioempfänger einschalten und erhieltet gleichzeitig eine ganze Menge Stationen. Könnt ihr euch dieses Durcheinander vorstellen? Die Gedanken der Menschen bringen Geräusch und Lärm hervor, Lärm statt Wohlklang. Nur die auf den geistigen Ebenen der Harmonie erzeugten Schwingungen können wir Wohlklang oder Musik nennen. Nun stellt euch vor, ihr ginget durch dieses unharmonische, rohe und grelle Geschwätz hindurch, um dann emporzustreben durch die Ebenen des geistigen Lebens, eine heller als die vorangegangene, bis ihr die Sphären der Harmonie erreicht. Auf diesen Ebenen schwingt Musik, sogar die Gewänder der Bewohner vibrieren in Harmonie und Melodie.

Könnt ihr diese Schönheit einigermaßen erahnen? Ihr könnt die Kraft erwerben, in dieses göttliche Orchester einzustimmen, denn ihr habt die seelische Veranlagung dazu und diese liegt tief in euch selbst. Ihr könnt die Kraft erwerben, klarer und deutlicher zu hören, als es auf der physischen Ebene möglich ist. Doch zuvor müssen Harmonie, Reinheit und Liebe in euch sein.

Ihr seid ununterbrochen eingehüllt in die geistige Kraft, die von der Aura des Christus ausstrahlt, der ausgesandt wurde von *Vater-Mutter-Gott,* um den Weg für alle Kinder Gottes zu ebnen, zu reinigen und zu erleuchten. Ihr könnt nicht außerhalb des Christusgeistes leben. Wenn sich die Menschheit quält, wenn dunkle Seelen anderen Leid zufügen und unwissende Seelen leiden, dann seid euch bewußt, daß ihr Kanal und Mittler sein könnt, und daß Christus durch euch andere erreichen kann, um ihre Dunkelheit zu erhellen.

Doch nicht durch predigen, sondern lediglich durch das Erstarken eures Geistes, durch das Wachsen des göttlichen Verstandes in euch und das Ausstrahlen von gutem Willen und Frieden aus euren Herzen kann dies erreicht werden. Es ist nicht genug zu glauben, daß Krieg völlig falsch ist. Ihr müßt *in euch* Frieden haben, der euch gelassen, sogar fröhlich durch den Tag bringt, so daß ihr, umgeben von irdischen Konflikten, ungestört bleibt, wie es der Meister lehrte, als er dem Sturm Ruhe gebot. Der See von Galiläa stellt bildlich die vom Sturm gepeitschte Seele dar. Der im Boot, im Herzen des Menschen, schlafende Meister, erhebt sich und stillt den Sturm. Er ist Meister – ist Kapitän – *ist* Frieden.

Dies ist es, was wir unter friedfertig sein und in Frieden leben verstehen. Ihr braucht ein immerwährendes Erkennen eurer Beziehungen zu Christus und zu *Vater-Mutter-Gott.* Fühlt den Frieden, den die Engel bringen. Denkt nicht, Friede sei ein rein passiver Zustand. Die Tiefen des Friedens enthalten die schöpferischen Kräfte des Weltalls, und die heiligen Worte der Macht ertönen in der Stille. Friede ist dynamisch, so wie Liebe und Weisheit dynamisch sind. Diese geistigen Eigenschaften – die Liebe, die Weisheit, der Friede – sind erfüllt mit Kraft, einer Kraft, die ohne seelisch-geistige Gelassenheit unerreichbar ist.

Das Abendmahl

Über seine fünf Sinne lernt das göttliche Ego, der Geist des Menschen, sich seines Gottes bewußt zu werden, die Nähe von *Vater-Mutter-Gott* zu sehen, zu hören, zu riechen, zu schmecken und zu ertasten. Das Abendmahl, die heilige Kommunion, eine wunderschöne Feier in euren Kirchen, ermöglicht es den Teilnehmern, solch' eine innere, geistige Verbundenheit zu erleben. Das Abendmahl mit Brot und Wein beeinflußt des Menschen höhere Körper für eine Weile, doch kann dieses Ritual trotz der Schönheit ihrer äußeren Form zum Buchstabenglauben werden, zu einer Krücke, zu einer Gewohnheit, in welcher der Mensch stecken bleibt.

Versucht, in eurer Kirche oder Loge die Gegenwart der Engelwesen zu spüren. Von ihnen gehen Ströme geistiger Kräfte aus und können vom Herzzentrum jener Menschen aufgenommen werden, die demütig und einfachen Herzens die geistige Hilfe der Engel annehmen wollen.

Das heilige Abendmahl weckt die Gottnatur im Menschen und befähigt ihn, seine Schwingung zu erhöhen, um für kurze Augenblicke die Reinheit, Herrlichkeit und Göttlichkeit des Christus zu erleben. Notwendig sind hierbei die äußeren Symbole von Brot und Wein natürlich nicht, wichtig ist nur, daß der Mensch sich dieses Ausströmens bewußt und sein Herz davon ergriffen wird.

Das sind wahre, ewige und wirkliche Werte, und die Verwirrung und das Chaos auf der Erde sollten eure Gedankenwelt nicht beeinflussen. Die Macht der Christusliebe kann nicht besiegt werden. Kein Feind kann den Lichtkreis durchbrechen, den ihr durch euren Willen und mit eurer Liebe um euch zu legen bemüht seid. Die rote Rose, die wir so oft erwähnen, symbolisiert die Gabe göttlicher Liebe an die Kinder Gottes, eine Liebe, die durch Christus sichtbar geworden ist. Er wird nicht fortgehen, sich nicht in die Sphären des Lichtes, die für ihn und euch bereitet sind, zurückziehen, bis jedes Kind Gottes in seine wahre Heimat zurückgekehrt ist. Das mag veraltet klingen. Doch ist es nicht tröstlich zu wissen, daß alle Kinder Gottes eines Tages in die Aura seiner Liebe aufgenommen werden? Dann wird alles Irdische vergehen und dieser dunkle Planet (so wird eure Erde in den Sphären des Lichtes genannt) hat seine wundervolle Aufgabe im großen Plan Gottes erfüllt.

Lasst eure Herzen in der Liebe und Anbetung Gottes ruhen und empfangt den Segen des Höchsten, den ER euch in überreichlichem Maße schenkt.

VI

DAS LEBEN IM JENSEITS

Unter der jenseitigen oder geistigen Welt versteht man gewöhnlich die Himmelswelten, jene Sphären, in welche die Menschen eingehen, nachdem sie das irdische Leben verlassen haben. Viele empfinden es als völlig unverständlich, wenn wir ihnen sagen, daß die geistige Welt mehr ein Zustand des Bewußtseins der Seele als eine Räumlichkeit außerhalb der Erde sei. Man sagt euch, daß Raum und Zeit in der geistigen Welt gar nicht existieren und dennoch hört ihr, daß man von Ort zu Ort und von Sphäre zu Sphäre reisen kann. Einerseits erzählt man euch, daß die geistige Welt unmittelbar die Erde umgibt und andererseits sagen wir euch, daß die geistige Welt *inwendig* in euch sei. Wie kann man diese verschiedenen Auffassungen miteinander in Übereinstimmung bringen?

Wir wollen einmal das höhere Bewußtsein betrachten. Wenn du deine Augen schließest und deine Gedanken nach innen lenkst, wirst du allmählich in deiner Seele ein Leben finden, das sehr real ist. Du wirst eine innere Bewußtseinsebene erleben und wirst weiterhin entdecken, daß du sie *gedanklich* ändern kannst. So wie deine Gedanken an Schönheit gewinnen, scheint das innere Licht heller zu werden. Bleiben deine Gedanken häßlich und schal, bleibt die innere Welt auch häßlich und schal. So entdecken wir, daß sich die geistige Welt in der eigenen Seele widerspiegelt.

Wir können die Sachlage auch anders veranschaulichen. Es gibt Menschen, die auf einem Spaziergang über Land sehr wenig beachten. Sie bleiben von der Schönheit der Natur gänzlich unberührt, denn diese Schönheit dringt nicht in ihre Seele ein. Ein anderer Mensch, der denselben Weg geht, ist von tausend Kleinigkeiten in Hecken und Feldern entzückt, vom Vogelleben und vom Spiel des Sonnenlichtes und der Schatten. Hierbei beobachtet er die Natur nicht nur mit dem physischen Auge, sondern beginnt auch mit dem geistigen Auge zu sehen. Ein dritter, der denselben Weg geht, ist noch offener für das geistige Leben hinter der physischen Form, und seine Wahrnehmungsfähigkeit ist bedeutend größer. Er sieht nicht nur das ganze Spektrum physischer Schönheit und Pracht, sondern ist sich zusätzlich der Schwingung oder der Impulse eines Lebens bewußt, das die physische Welt durchdringt. Seine Seele widerspiegelt die geistige Welt.

Etwas ähnliches geschieht, wenn ein Mensch vom physischen in das jenseitige Leben hinübergeht. War er stark in materielle Dinge verstrickt, wird er in diesem Zustand verharren, wenn er gestorben ist und die dichte, niedere Astralwelt betritt – eine Welt, die sich nur wenig von der physischen unterscheidet. Auch wenn seine Umgebung schön sein sollte, so bedeutet ihm diese Schönheit nichts. Der andere, der genauer beobachtet und für die Schönheit empfänglicher ist, wird in eine hellere Sphäre eingehen. Und der dritte, der geistig wach und in einer höheren Schwingung ist, wird in eine herrliche Welt gelangen.

In jeder folgenden Inkarnation vervollständigt die

Seele diesen Wachstumsprozeß. Ein Mensch, der sein grobstoffliches Erdenkleid abgelegt hat und sich im astralen Gewand wiederfindet, wird die Schönheit der geistigen Welt nicht schauen können, wenn nicht das Licht seiner Seele durch die Erfahrungen der Erde und durch die Entfaltung seines Charakters sehr hell geworden ist. Doch im Laufe seiner Seelenreise wird er allmählich die Hülle astraler Materie abwerfen. Was grob und dicht ist, fällt ab – ein Prozeß, der sich in allen Stufen astralen und mentalen Lebens wiederholt, bis zuletzt die reine Seele in die himmlische Welt eingeht.

Wir wiederholen: Wenn ein Mensch während seiner Erdenerfahrungen keine Charakterstärke und Seelengröße entwickelt hat, wird seine Umwelt und sein Blickfeld auch im Jenseits begrenzt sein. Auf Erden hängt der Erfolg größtenteils von der Intelligenz und von erlangten Kenntnissen ab. Im Jenseits hingegen ist alles eine Angelegenheit der Klarheit und Demut des Geistes, des Seelenwissens, des Empfangsvermögens feinerer Schwingungen und der Erfahrungen, die während des Erdenlebens gesammelt wurden. Dabei spielen Umstände, Intellekt oder materielle Gegebenheiten keine Rolle, nur die Qualität des Bewußtseins, die Menschenliebe, Toleranz und Sympathie, in anderen Worten – alles beruht auf des Menschen Herzensgröße und Schönheit des Charakters.

Wo ist nun, räumlich betrachtet, die geistige Welt? Ihr werdet sagen: «Wenn sie räumlich ist, dann muß sie irgendwo außerhalb der Erde sein und dennoch hören wir immer wieder, sie sei inwendig.» Die Antwort ist einfach. Astrale Substanz, die der Erde am nächsten ist, durchdringt physische Substanz. Wenn ein Geistwesen dein Haus betritt, sieht es nicht die physischen Wände oder Möbel, sondern deren astrales oder ätherisches Gegenstück. Weil das Geistwesen sich nicht in eurer dreidimensionalen Welt manifestiert, ist die physische Materie für das Wesen einfach nicht da. Doch die Astralmaterie existiert, und das Geistwesen kann eben nur diese wahrnehmen. Dasselbe gilt für die ganze Natur. Immer ist es das astrale Gegenstück, welches das Geistwesen wahrnimmt.

Alles Materielle hat sein astrales Gegenstück. Die Wesen auf der astralen Ebene empfinden ihre feinstoffliche Materie als leicht und selbstleuchtend. Eure geistigen Freunde können ihre eigenen Wohnungen so nahe bei den eurigen haben, daß sich die beiden durchdringen. Aus diesem Grund kann man nicht von getrennten Räumlichkeiten sprechen, sondern von einer allseitigen Durchdringung verschiedenster Lebenssphären. Alles ist eine Frage der Schwingungen – und euer «Sehen» auf anderen Ebenen hängt ab von eurer Fähigkeit, eure Schwingung zu erhöhen, bis sie in Harmonie mit der Frequenz der astralen oder einer höheren Welt schwingt. Niemand muß erst sterben, um die inneren Welten zu erreichen.

Oft fragt man uns: «Was essen eigentlich die Bewohner der nächsten Ebenen? Können sie überhaupt essen? Was tun sie dort?» Nun – in der Astralwelt wachsen wunderbare und köstlich schmeckende Früchte, welche die dortigen Bewohner pflücken. Außerdem können sie irgendwelche Speisen genießen, die sie gerne mögen. Doch in den höheren Sphären schwindet der Wunsch nach Speise und Trank. Trotzdem möchten wir, daß ihr die geistige Welt als solid und real begreift. Diejenigen, die dort leben, können, wenn sie es wünschen, ein Bankett abhalten, herrliche Speisen genießen und ein Getränk kosten, das wie Wein mundet, aber in Wirklichkeit eine feinstoffliche Substanz ist. Alle Nahrungsmittel und Früchte sind dort geistiger Art, denn sie existieren auf einer geistigen Ebene des Lebens. Für uns sind sie genau so real, wie die gröberen Nahrungsmittel für euch Wirklichkeit sind. Die Bewohner höherer Sphären können sich auch kleiden wie sie wollen, z.B. in wundervolle weiche Stoffe, wie sie auf Erden gar nicht vorkommen. Wir versuchen euch klar zu machen, daß das Leben in der geistigen Welt genauso wirklich ist wie das Erdenleben, doch unendlich viel schöner.

Zwei weitere Fragen, die oft gestellt werden, lauten: «Altert man in der jenseitigen Welt? Warum zeigt sich ein Jenseitiger manchmal als alte Frau oder als alter Mann?» In der Astralwelt gibt es kein Alter, lediglich, wenn wir es so ausdrücken dürfen, eine Zeit der Reife. Eine Person mag gereift erscheinen, doch niemals hinfällig oder altersschwach, sondern voller Leben, Gesundheit und Wohlsein. Jedes Geistwesen kann sich so kleiden wie es möchte und wird vorzugsweise, wenn es die Erde besucht, jene Gestalt und Kleidung annehmen, die es am Ende seines letzten Lebens trug, um erkannt zu werden. Doch sobald es in die Astralebene zurückkehrt, wird es wiederum das strahlende Aussehen seiner dortigen Existenz haben.

Ihr liebt es doch, euch öfter umzuziehen. Auch wir haben eine Auswahl von Gewändern oder Erscheinungsformen, in die wir uns, wenn wir es wünschen, kleiden. So z.B. können wir als ein Mensch des Ostens mit weißer Kleidung und Turban erscheinen, oder als ein Atlanter mit einer Federkrone, oder als Indianer mit Adlerfedern geschmückt, oder wir nehmen die Kleidung und das Aussehen unserer Inkarnation als ägyptischer Priester an. Auch ihr werdet ähnliches tun. Was ihr einstmals gewesen seid, welche Inkarnation ihr einstens hattet, ihr habt stets das Recht, die entsprechende Gewandung zu tragen, es ist *eure* Kleidung. Ihr habt sie einst getragen, ihr seid in sie hineingewachsen und sie gehört euch.

In der geistigen Welt gibt es herrliche Gebäude. Für den Wissenschaftler sind umfangreiche Laboratorien da, für den Astronomen Observatorien, für den Künstler gibt es Kunstgalerien, Konservatorien für den Musikfreund und für den Gärtner herrliche Gartenanlagen. In den jenseitigen Welten ist jede nur mögliche Gelegenheit für die Fortbildung, die Bedürfnisse und Interessen der Kinder Gottes geboten. Für das geistige Leben gibt es keine Grenzen, und eine Ebene reiht sich an die nächste bis in die Unendlichkeit.

Denkt nicht an Leben und Tod als getrennte Daseinsformen. Denkt nicht an «hier» und «dort», sondern bemüht euch um das Verständnis für das ewigwährende Leben. Wir meinen hiermit: Versucht das Leben als «das ewige Jetzt» zu begreifen. Wenn euer Kamerad das irdische Gewand ablegt, dann geht er, resp. sie in ein Leben, das ein innerer, ein seelischer und geistiger Zustand ist. Dort verliert man das Gefühl der niederdrückenden Bürde, der Schwere und der Müdigkeit des sterblichen Leibes. Auf Erden müssen viele hart arbeiten, nur um das Notwendigste des täglichen Lebens zu verdienen. Der wirtschaftliche Druck erlaubt ihnen nicht, ihr Bestes zu geben. Das ist eines eurer Übel. Wenn ihr in die geistige Welt hinübergeht, seid ihr von diesem Druck erlöst und befreit und könnt eine Arbeit verrichten, die euch Freude macht. Versucht euch vorzustellen was es heißt, von allen Einschränkungen, allen Ängsten frei zu sein, und aus lauter Freude an der Arbeit arbeiten zu dürfen. Man hat alle Zeit zur Verfügung. Niemand ist unter Zeitdruck. Die Arbeit ist eine Form von seelischer Selbstverwirklichung. Man arbeitet, weil man liebt was man tut. Man hat Ruhe gefunden. Man hat Frieden gefunden. Man hat Liebe gefunden.

Der Kern des Lebens ist Geist

Vielleicht überkommt euch mit dem Schwinden der Jugend eine gewisse Traurigkeit, doch das Altwerden, wie ihr es kennt, entbehrt der Realität. Ihr solltet eure diesbezüglichen Ansichten revidieren und nicht das Gefühl haben, daß die Jahre eure Sorgen vermehren, graue Haare bringen und Krankheit und Schwäche nach sich ziehen, denn das wäre falsch. Legt Furcht und Mutlosigkeit resolut ab. Taucht tief in euer eigenes Wesen und findet dort eine Kraft, die nicht von dieser Erde ist und nicht aus eurem Körper stammt, eine Kraft, die weder Alter noch Krankheit kennt, noch Sorgen oder Ängste, sondern nur ewige Hoffnung. Ermutigt Wachstum und Ausdrucksfähigkeit des geistigen Lebens in euch.

Der Sinn eures Daseins ist Wachstum und Entfaltung – euer Lebenskern ist Geist. Der Geist in euch ist es, der euch sagt – wenn ihr ihm nur zuhören wolltet – daß euch, so sicher wie die Sonne aufgeht, ein ewiges Leben beschieden ist. Ihr braucht hierzu keine Beweise von uns. Wenn ihr euch selber treu wäret, müßtet ihr eine Stimme in euch hören die sagt: *«Ich lebe, ich bin ewig, es gibt keinen Tod.»*

Ändere dein Leben *jetzt,* damit sich der Geist im Innern über alle Zweifel und Ängste erheben kann. Viele Menschen haben durch ein Medium sogenannte Beweise von einer Weiterexistenz des Lebens nach dem Tode erhalten. Das aber genügt nicht. Es genügt nicht, wenn eine zurückgekehrte Seele dir sagt, daß das Leben nach dem Tode weitergehe. Diese Wahrheit muß selbst *erfahren* werden. Die Wahrheit wohnt im Innern. Sie gelangt nicht durch äußere Geschehnisse in dich hinein. Wenn der Geist in deinem Herzen erstarkt, dann wird er dich von Sekunde zu Sekunde, von Stunde zu Stunde und von Tag zu Tag daran erinnern, daß das Leben sich stets entfaltet, erweitert und immer reicher wird.

Ihr werdet entgegnen: «Das haben wir schon oft gehört, doch des Menschen Verstand will Beweise.» Ja, des Menschen Verstand wird die Beweise, die er verlangt, bekommen, wenn das wahre Selbst, der Geist in seinem Inneren, sich durchgesetzt hat, denn der Geist ist stärker als der Verstand. Dann werdet ihr, vom Kerker des materiellen oder niederen Verstandes befreit, durch die täglichen Erfahrungen zum vollen

Bewußtsein des wahren Lebens gelangen. Der Geist altert nicht. Er kennt weder graue Haare noch Müdigkeit. Der Geist lebt ewig.

Von gewissen Menschen strahlt etwas Undefinierbares, eine Schönheit, eine Wahrheit, eine Aufrichtigkeit und Ernsthaftigkeit aus. Sie sind eigentlich zeitlos. In ihnen sieht man das Licht und den Geist, die so stark geworden sind, daß sie die Unzulänglichkeiten des Alters aufheben. Wenn solche Seelen vom Diesseits ins Jenseits hinübergehen, erfahren sie, daß das Leben harmonisch und glücklich wird. Wohl erwartet sie Arbeit, doch die Zeit drängt sie nicht mehr. In der geistigen Welt gibt es keine Zeit!

Wir trennen die Erdensphäre nicht von den benachbarten geistigen Sphären, wir sehen vielmehr einen engen Zusammenhang zwischen ihnen. Im geistigen Leben wird jeder Seele neue Gelegenheit geboten und jede Seele muß ihren eigenen Weg in den Himmel finden. Keine wird gezwungen oder genötigt. Sie wächst ähnlich wie eine Blume in einem Prozeß allmählicher Entfaltung.

Persönliche und göttliche Liebe

Die Liebe ist das Fundament für jedes geistige Wachsen. Wir alle möchten lieben und geliebt werden. Das ist nur natürlich und gestaltet das Leben freudig und angenehm. Viele von uns allerdings begreifen die Liebe nur dann, wenn sie durch einen Menschen zum Ausdruck kommt. Das ist auch ganz in Ordnung. Hat nicht der große Meister gesagt: «Wie kannst du Gott lieben, den du nicht sehen kannst, wenn du nicht einmal deinen Bruder liebst, den du doch siehst?» Manchmal wird das Gefühl, das man Liebe nennt, fast ausschließlich einer einzigen Person zugewendet. Ist das gut? Ja, insofern als in der Persönlichkeit des geliebten Menschen das göttliche Licht, das durch sie hindurchscheint wie durch ein Fenster, als wahre Liebe erkannt wird.

Um die Wurzeln der Liebe zu finden muß man jenseits der Persönlichkeit suchen, nach dem universellen Wert des Lebens. Rühren wir an den Urgrund der wahren Liebe, dann erkennen wir, daß es keine Trennung zwischen individuellen Seelen gibt, denn alle Kinder Gottes sind EINS, wenn sie wahrhaft lieben. Das ist schwer zu verstehen, denn ihr werdet einwenden, im Leben der Menschen müsse die Liebe auf Einzelne konzentriert werden, und die größte Liebe habe dem Ehegefährten, den Kindern und Freunden zu gelten, also denen, die euch am teuersten sind, und eine solche Liebe unterscheide sich wesentlich von derjenigen, die ihr für andere fühlt.

Im täglichen Leben, unter normalen Bedingungen, fühlt ihr euch bei euren Lieben am meisten geborgen, ihr fühlt euch bei ihnen zuhause und in Harmonie, weil sie euch umhegen und für euch sorgen. Jede Trennung schmerzt. Doch wenn sich eure Liebesfähigkeit einmal über die irdische Liebe hinaus zu *geistiger* Kameradschaft und Seelenverwandtschaft (affinity of the spirit) erweitert hat, dann berührt ihr die ganze Skala der Liebe, dann werdet ihr in der ganzen Menschheit jene Liebe finden, die ihr bisher nur im engsten Kreis erkannt und gefunden habt.

In jeder individuellen Seele wirkt das göttliche Leben, jenes Leben, das euch allen gemeinsam ist. Dieses göttliche Leben, dieser Gottesfunke ist es, der euch befähigt, die Empfindung der Liebe zu spüren. Um den Sinn der Liebe zu verstehen, müssen wir versuchen, diese göttliche Liebe in allen unseren Mitmenschen zu finden und nicht den Fehler begehen, unsere Liebe auf irgend ein Einzelwesen zu beschränken. Das erscheint paradox, denn nur durch die Liebe zu einem Einzelwesen kommt ihr in Kontakt mit der göttlichen Liebe – anders nicht. Bis ihr diese Lektion erlernt habt, könnt ihr nicht wissen, was *wahre* Liebe ist. Wir sehen das Licht durch die individuelle Seele scheinen, doch eigentlich lieben wir nicht das Individuum, sondern vielmehr die besondere Qualität der Liebe, die durch den Bruder, die Schwester, scheint.

Kein Meister wird je Liebe für seine Person fordern. Hat nicht Jesus seine Jünger immer wieder auf die wahre Quelle aufmerksam gemacht? «Die Worte, die ich zu euch rede, sind nicht meine Worte. Der Vater in mir ist es, der durch mich wirkt.» Durch den göttlichen Funken im eigenen Herzen erkennen wir den göttlichen Funken, den Christus, im Herzen des Mitmenschen.

Unsere Einstellung zum Leben

Um wieder auf praktische Fragen zurückzukommen: Was können wir tun, um die Welt zu einem besseren Wohnort zu machen? Wenn ihr euch doch nur entschließen könntet, mit ganzem Herzen, mit ganzer

Seele und vollem Verstand eure Einstellung zu den Mitmenschen, sowohl individuell als auch kollektiv, freundlich und gütig zu gestalten – mehr verlangen wir nicht von euch – nur das – freundlich und gütig – ihr wäret über den Frieden in eurem Inneren erstaunt.

Das tönt so einfach – freundlich und gütig! Doch nehmt es euch zu Herzen. Zu Beginn eines neuen Jahres habt ihr die Gewohnheit, gute Vorsätze zu fassen, neu zu beginnen, Resolutionen zu formulieren, doch nur allzubald schwinden diese dahin, denn ihre Durchführung erscheint zu schwierig. Als denkende Menschen habt ihr den Wunsch zu dienen und euer Leben nützlich zu gestalten. Wir übersehen keinen von euch, der gewillt ist, gute Arbeit zu leisten. Solltet ihr heute den Entschluß fassen, ein treuer Diener Gottes zu werden, dann raten wir euch noch einmal zum ersten Schritt – *seid freundlich und gütig zueinander!*

Beobachtet euch im Lichte unseres wohlgemeinten Rates und ihr werdet euch wundern, wie oft ihr versagt und unwirsch seid. Der Verstand kann arrogant und überheblich sein und nimmt sich das Recht heraus zu argumentieren und zu sagen: «Dieser Mann oder jene Frau hat Unrecht.» Wenn ihr so denkt, dann blickt in euer Inneres und fragt euch: Wer ist hier im Unrecht? Vielleicht bin ich es!

Wenn dich jemand verletzt oder beleidigt, dann bitten wir dich, deinen Standpunkt zu ändern. Welches auch immer die Umstände sein mögen, wie schlimm das scheinbare Unrecht auch sein mag – es gibt keine Ungerechtigkeit im Leben. Du arbeitest dich lediglich durch dein Karma. Du erntest nur, was du in deiner Vergangenheit gesät hast, oder es wird dir eine Gelegenheit geboten eine wertvolle Lektion zu erlernen. Wenn du mit dankbarem Herzen an die erhaltene Beleidigung denken kannst, wenn du dankbar bist für die erlernte Lektion, dann hast du einen großen Schritt auf deinem Lebenspfad getan. Wie schwierig du es auch finden magst, diese unsere Worte zu akzeptieren, die Umstände in deinem zukünftigen Leben werden dich lehren zu sagen: «Mein Gott und mein Bruder – ich danke euch!»

Genau aus diesem Grund möchten wir euch auffordern, eure Einstellung zum Leben und zum Mitmenschen zu ändern und einfach freundlich und gütig in euren Gedanken, Worten und Taten zu sein. So ihr keine aufbauende Kritik formulieren könnt, kritisiert überhaupt nicht. So lehrte es der Meister. Die Zeit verändert nicht die ewigen Wahrheiten, denn so lehrte es jede große Seele, jeder Meister und jeder ältere Bruder, der Freiheit von seinen Bindungen erreicht und Meisterschaft erlangt hat.

Mein Freund, wir bringen dir Hoffnung. Du brauchst im Leben nichts zu fürchten – außer die Furcht selbst. Banne deine Furcht, deine Ängste und schaue hoffnungsvoll in die Zukunft. Es soll nicht nur ein vages Gefühl der Hoffnung sein, sondern eine Hoffnung, die wie eine Lebenskraft in deinem Herzen pulsiert, eine Hoffnung, die mit Sicherheit annimmt, daß alle Dinge letztlich zum Guten führen, daß Gott die Liebe ist, daß der Tod nicht trennt, und daß des Menschen Fortschritt nicht verhindert werden kann. Wenn ein geliebter Freund oder ein geliebtes Kind durch den Schleier des Todes hindurchgeht, dann fürchte die Trennung nicht, denn du kannst jederzeit zu ihm oder zu ihr gelangen und er oder sie wird dich führen und durch dein irdisches Leben begleiten. Nur des Menschen materielle Weltanschauung kann liebende Seelen trennen; der Tod kann es nicht.

So beten wir, daß in allen Menschenkindern die Flamme der Hoffnung entzündet werde, daß sie vorwärts schreiten mit dem Wunsch, im Geiste zu wachsen, um sich der ewigen Wahrheit mehr und mehr bewußt zu werden. Dann werden sie weder Krankheit noch Armut erfahren müssen, denn so sie mit Gott und mit der Liebe in ein harmonisches Verhältnis gelangen, wird jede Sehnsucht des Herzens gestillt und alle Bedürfnisse des Lebens erfüllt werden.

VII

DER VERSTAND IM HERZEN UND DIE ERINNERUNG AN FRÜHERE LEBEN

Der Ort der Stille in deinem Herzen ist die Quelle aller Wahrheit. Der Meister belehrte dich durch den «Verstand in deinem Herzen» und nicht durch den Intellekt. Das wirst du besser verstehen, wenn du die Worte Jesu überdenkst: «Wer nicht wird wie ein kleines Kind kann nicht in das Himmelreich gelangen.» Wie ein kleines Kind werden heißt, sein Bewußtsein vom Kopfzentrum ins Herzzentrum zu verlegen.

Normalerweise denkst du mit dem Verstand. Beim Lesen dieser Zeilen interpretiert dein Verstand den Sinn unserer Worte. Doch viele Menschen begehen den Fehler, den Intellekt als die einzig verläßliche Richtschnur für die Wahrheit zu halten. Natürlich kann in der geistigen Höherentwicklung des Menschen der Kopf eine wichtige Rolle spielen. Doch vergiß nicht, daß es einen «Herzensverstand» gibt. Das menschliche Herz ist ein wundervolles Organ, das viel mehr Geheimnisse birgt als die medizinische Wissenschaft bisher entdeckt hat. Es besitzt ein ätherisches Gegenstück, das beim Wachstum, Leben und Sterben des Körpers eine wichtige Rolle spielt. Es hat auch ein geistiges Gegenstück, welches wir das Herz-Zentrum oder das Herz-Chakra nennen. In diesem Herz-Chakra ruht das Juwel – das Christuslicht.

Der Mensch hat durch den Materialismus des Westens sehr viel verloren. Durch die einseitige Entwicklung seines Mentalkörpers hat er seine Seele eingebüßt. Durch seine viel zu große Verstandestätigkeit vernachlässigt er seinen Herzensverstand. Wenn Not, Schmerz und Leid sein Leben überschatten, ist der mächtige und gierige Intellekt nicht in der Lage, den seelischen Schmerz zu lindern oder den Traurigen und Vereinsamten zu trösten. Nur eines kann dem Menschen in seiner Stunde der Not helfen: Es ist das göttliche Licht, das in sein Herz scheint und eine Wahrheit bringt, die seine Augen öffnet und das Ziel seiner Reise erkennen läßt. Es bringt ihm Hoffnung, ja sogar Freude. Der Same in seinem Herzen keimt – das «Juwel in der Lotosblüte» leuchtet heller. Deshalb betonen wir immer wieder, wie äußerst wichtig das Meditieren ist, wenn man das wahre Licht entfalten will. Bücher können hilfreich sein, so auch das Studium vergleichender Religionswissenschaften, Verstandesakrobatik kann anregend sein – doch all diese Dinge vermitteln dir nicht das, was dir das *Licht* im Herzen bringen kann. Wir sind mit euch einig, daß die Entwicklung des Intellekts – wenn er durch das innere Licht inspiriert und geführt wird – zu erhöhtem Begriffsvermögen und erweiterter Intelligenz führt, doch möchten wir wiederholen, daß es für die Seele äußerst wichtig ist, den Verstand-im-Herzen zu entfalten, das innere Licht, denn dieses ist das wahre göttliche Licht – das Kind Gottes. So ist das Wort zu verstehen, «sich von einem kleinen Kind führen lassen» ... von Christus, ... dem heiligen Kind, welches im Herzen wohnt.

Überlasse nicht dem Kopfdenken die Herrschaft, sondern trachte danach, mit den ewigen Werten jenseits des Materiellen in Einklang zu kommen. Meditiere oft über Gottes herrliches Universum, so daß das Herzdenken aktiv wird. Fülle deinen Kopf nicht mit seichtem Plunder, sondern laß ihn nützlich tätig sein und laß gleichzeitig dein Herz über schöne, freudige und hilfreiche Dinge meditieren. Frage dein Herz: «Wie kann ich meinem Menschenbruder am besten dienen?» Und es gibt dir zur Antwort: «Indem du ihn zu verstehen suchst.» Der Mensch muß sich als ein Teil des großen Universums Gottes begreifen. Sein Herz-Zentrum soll erwachen um Liebe auszustrahlen und wie ein großes Feuer in der Seele zu brennen. Er muß lernen, nicht für sich und für seinen eigenen Ruhm zu leben, sondern den Mitmenschen zu dienen, die Kranken zu heilen, die Sorgenbeladenen zu trösten und die Hungrigen zu speisen. Die Religion des Menschen sollte ihren Ausdruck im praktischen Dienen auf Erden finden.

Jeder Mensch ist ein Universum für sich und der Mittelpunkt oder die Sonne dieses Univerums ist das Herz und nicht der Kopf. Wie die Sonne im Zentrum des Sonnensystems steht, so ist dein Herz der Mittelpunkt deines Universums. Das geistige Gegenstück der sichtbaren Sonne ist das Christuslicht; und wenn es im Herzen erwacht, beginnt das Herz-Denken. Die sichtbare Sonne herrscht über den sichtbaren Himmel und der Christus, der durch das Herz wirkt, herrscht über das Schicksal eines jeden Menschen und über das Schicksal der ganzen Menschheit. So wie der Großmeister in einer Loge regiert, so soll auch der Meister im Herzen die Loge oder den Tempel des Menschen regieren. Ist jedoch der Meister nicht stark genug, um über seine Loge zu wachen, und sollten Gegner fähig sein, den Meister zu überwältigen, so sind Chaos, Krankheit, Unglück und Dunkelheit die Folge. Das Licht schwindet und mit ihm vergehen Freude, Glück, Weisheit und Schönheit.

Der Meister, die innere Sonne, soll die Loge des Herzens regieren und zugleich auch die Glieder und Organe überwachen. Vollkommene Harmonie, vollkommene Gesundheit sind das Resultat. Ist das Herz kalt und tot, dann hat der Mensch keine Lebensfreude, keine menschliche Wärme, keine Ausstrahlung. Wie ein Mensch denkt, so wird er.

Das Rad der Wiedergeburt

Im Herz-Zentrum des Menschen liegt das «Samenatom», welches aufgrund vergangener Leben dort eingebettet ist. Dieses «Samenatom» enthält Erinnerungen an frühere Inkarnationen, an vormals begangene Fehler, an ehemalige Siege, ja sogar an charakteristische Eigentümlichkeiten, die in die betreffende Seele eingewebt wurden. Der Mensch, der sich des Lichtes oder des Christus-im-Herzen voll bewußt wird, kann Erinnerungen an jene vergangenen Leben zurückrufen. Solche Erinnerungen quellen aus dem Herzen hervor und werden dann von den Zellen des Gehirns registriert. Mit Bezug auf das Gesetz der Reinkarnation herrscht nicht geringe Verwirrung. Viele Menschen stoßen sich an dem Gedanken, erneut in einem physischen Körper inkarnieren zu müssen. Sie wollen nicht verstehen, warum sie zu einer Rückkehr gedrängt werden, nachdem sie durch das physische Leben gewandert und in das Land des Lichtes eingegangen sind. Dieses Gesetz, so meinen sie, scheine unlogisch, entbehre jeder Grundlage und passe nicht in ihr Weltbild von einem allweisen und allgütigen Gott.

Sie denken vielleicht an den Tod eines geliebten Freundes, an seine Botschaften und Beschreibungen himmlischer Sphären (durch ein Medium), und sie fragen sich, warum er, einmal befreit, in die Sorgen des Erdenlebens zurückkehren müsse. Sie sehen darin keinen Sinn. Nachdem die Seele so viel vom himmlischen Licht aufgenommen hat, scheint es unbegreiflich, daß sie erneut in niedrigen und vielleicht unangenehmen Umweltbedingungen auf Erden wiedergeboren werden soll. Das, so meinen sie, wäre eine Mißachtung der göttlichen Ordnung von Liebe und Fortschritt.

Die Reinkarnationslehre ist ein weites Gebiet, und die vorherrschenden Meinungen über die Wiedergeburt ergeben nur ein grobes und unfertiges Bild von dem, was tatsächlich geschieht. Bis ihr das Gesetz der Reinkarnation klar und eindeutig versteht, bleiben die meisten der tieferen Probleme des Lebens im Dunkel, und es dürfte euch schwer fallen, Gerechtigkeit im Leben zu sehen, sogar wenn ihr glaubt, daß Gott gütig, allweise und all-liebend ist. Leben ist Wachstum. Sinn und Zweck des Lebens auf Erden ist geistiges Wachstum und es gibt universelle Probleme, die erst begriffen werden, wenn das Verständnis für den Verlauf der Seelenentwicklung erlangt worden ist. Der Mensch, begrenzt durch seinen irdischen Verstand, hat keine Ahnung vom wahren Zeitbegriff. Ihm kommen seine

70 Lebensjahre, oder sagen wir, ein Jahrhundert als eine lange Zeitspanne vor, wenn dies doch in Wahrheit nur eine «Blitzsekunde» ist. Er bringt seine jetzige Inkarnation nicht in Zusammenhang mit der Gesamtheit seines Lebens und deshalb sieht er nicht, wie wenig in einem kurzen Erdenleben erreicht werden kann.

Betrachten wir einmal die ca. 70 Jahre eines Menschen von seiner Geburt bis zum Tod. Vergleicht das Leben eines ganz gewöhnlichen Mannes oder einer Frau mit dem Leben eines großen Lehrers oder Meisters, in welchem die Göttlichkeit voll zur Auswirkung kommt. Zieht eure Schlußfolgerung aus diesem Vergleich und schaut dann tief in eure eigene Seele. Wie oft seid ihr euren eigenen Idealen untreu geworden? Ihr denkt, daß ihr ja nur Menschen seid – doch ihr seid auch göttlich – und der Sinn des Lebens ist die vollständige Entfaltung ins göttliche Menschtum oder zum Christusmenschen. In der Tat – alle Kinder Gottes sollen sich zu ihrer höchsten Vollendung im Christuslicht entwickeln – das ist Zweck und Sinn der Schöpfung.

Manchmal fallen die Worte: «Oh, dieser oder jener ist eine *alte* Seele.» Wie aber wurde diese Seele weise, stark und strahlend? Sie wurde so durch die Disziplin, die das Erdenleben erfordert. Selbstdisziplin führt zum geistigen Wachstum und die beste Disziplinierung, die Gott uns zugewiesen hat, liegt in der täglichen Arbeit, in der gemeinsamen Aufgabe.

Trotzdem wehrt sich eure Seele dagegen. Ihr fragt: «Hätten wir auf der astralen Ebene nicht *größere* und bessere Möglichkeiten uns zu entwickeln?» Sicher, bis zu einem gewissen Grad. Doch seid euch bewußt, daß die Begrenzung von Zeit und Raum und die Beschränkungen des Erdenlebens auf der nächsten Daseinsebene wegfallen, so daß eine Disziplin wie auf Erden dort nicht möglich ist. Der Zweck der Wiederverkörperung ist, sich in Disziplin zu üben. Seine Sorgen mutig tragen, seinen Erfolg demütig entgegennehmen, sein Glück mit anderen teilen, all dies ist geeignet das Leben zu disziplinieren.

Die wahre Heimat der Seele sind die himmlischen Ebenen – Sphären der Schönheit und des Glücks. Junge Seelen mit wenig Erderfahrung sind wie ungeborene Kinder, die noch im Mutterschoß ruhen. Sie müssen noch lernen ihre Gliedmaßen zu gebrauchen, zu strampeln, zu laufen und tätig zu sein. Doch gleichzeitig dürfen wir nicht vergessen, daß diese Kinder potentielle Götter – angehende Meister – sind. Gott schuf die physischen Existenzebenen, damit das Kind dort lerne, seine Fähigkeiten zu entwickeln. Wir können uns für des Menschen Erdenleben kein besseres Symbol denken als ein Samenkorn, das in die Finsternis der Erde gesenkt wird, um zu einer wundervollen Blume heranzuwachsen. Der Archetyp einer Blume ist ursprünglich ein Gedanke Gottes, dann wird der Same in die Erde gelegt um zu keimen und zur Vollendung heranzuwachsen. So ist es mit dir, der du wie ein Same bist – eingepflanzt in materielle Form, um zum Licht empor zu wachsen, bis du zum vollkommenen Sohn, zur vollkommenen Tochter Gottes geworden bist – zum vollkommenen Ebenbild, wie es sich Gott zu Anbeginn der Zeit vorgestellt hat.

Des Menschen Seele ist nicht nur das, was man als die heute lebende Persönlichkeit kennt. Sie ist zugleich etwas viel Umfassenderes, welches in der Himmelswelt weilt und die Summe aller Erfahrungen aus sämtlichen früheren Leben enthält. Die heutige Persönlichkeit ist lediglich ein kleiner Teil des höheren Selbst, welches auf einer höheren Bewußtseinsebene wohnt, doch kann diese Persönlichkeit einen stärkeren oder schwächeren Kontakt mit ihrem höheren Selbst haben und sich, so sie will, von ihm inspirieren lassen.

In den alten Mysterienschulen wurde dies den Schülern durch Bildsymbole veranschaulicht. Die Seele dachte man sich als Tempel in den Himmeln und jede einzelne Inkarnation als unbehauenen Stein, den Ashlar, der durch die Erfahrungen des Erdenlebens behauen und geformt wird, so daß er in den noch unfertigen Tempel eingefügt werden kann. Beim Bau des Tempels darf nicht gepfuscht werden. Genauigkeit und Präzision sind wichtig. Ein schlecht behauener Stein könnte das Ebenmaß des ganzen Gebäudes beeinträchtigen.

Der Mensch muß an sich selber, an jenem unbehauenen Stein arbeiten, den die Alten den Ashlar nannten. Er muß Hammer, Meißel und Winkelmaß gebrauchen, um aus dem rohen Stein, seiner niederen Natur, einen vollkommenen, ebenmäßigen Quader zu gestalten, der in den Tempel eingepaßt werden kann. Wenn der Mensch einmal begreift, daß er während seines Lebens an sich arbeiten muß und daß kein Tag vergeht, ohne daß sich in seiner Wesensart eine, wenn auch noch so geringe Spur eingräbt, dann wird er lernen seine Gemütsbewegungen und sein Denken unter Kontrolle zu halten und diese zu meistern.

So besitzt denn der Mensch eine Seele in der himmlischen Welt, die den Geist Gottes, ja die wahre Essenz des Höchsten enthält und den Verlauf seines Lebens steuert. Deshalb sagen wir: «Gott lenkt die Schritte auf dem Pfad des Lebens.» Dieses Streben, das den Menschen zum Höchsten drängt – manchmal gegen seinen Eigenwillen, gegen den Willen des niederen Selbst –, ist seine innewohnende Göttlichkeit. Dieser göttliche Funke ist es, der das Leben der Seele lenkt und durch viele Erdenerfahrungen führt. Jedesmal steigt ein Teil der Seele in die Inkarnation hinab und sammelt dort gewisse Erfahrungen, die für das Wachstum und die Entfaltung des höheren Selbst notwendig sind. Somit leistet ihr je nach Anstrengung und Entwicklung einen kleineren oder größeren Beitrag an das Wachstum und die Entfaltung des höheren Selbst. Durch euer Streben in aufeinanderfolgenden Leben erbaut ihr jenen schönen Seelentempel.

Wir möchten eure Vorstellung von der Wiedergeburt erweitern, damit ihr frei werdet von der Idee, der Mensch pendle ständig zwischen zwei Welten hin und her. Macht euch vertraut mit dem Gedanken eines steten Wachsens und einer ständigen Erweiterung des Gottesbewußtseins eures höheren Selbst. Manchmal, wenn ihr in Not und Verzweiflung seid, geschieht es, daß ihr einen Strahl von Kraft und Licht aus diesem höheren Selbst erhaltet und etwas vollenden oder erdulden könnt, das ihr zuvor für unmöglich hieltet. Oder ihr kennt vielleicht jemanden, der einen ähnlichen Strahl erhalten hat, durch welchen der Feigling zum Helden, der Selbstsüchtige zum Selbstlosen umgewandelt worden ist. Ihr habt ja keine Ahnung von den Möglichkeiten des Menschen, wenn er einmal den Kontakt mit seinem höheren Selbst oder wahren Sein herstellen und aufrecht erhalten kann.

Begeht nie den Fehler, liebe Freunde, irgendwen zu richten oder über ihn zu urteilen. Schaut nie auf eine Seele mit dem Gedanken – arme Seele, du bist eben noch unentwickelt – denn ihr wißt nicht, wie falsch euer Urteil sein könnte. Es mag sein, daß der Mensch, der so niedrig erscheint, in Wirklichkeit in den Himmelswelten eine Seele von großer Reinheit und Schönheit sein eigen nennt. Ihr könnt ihn nicht beurteilen.

Warum können wir uns nicht erinnern?

Ihr mögt fragen, welche Beweise wir für die Wiedergeburtslehre anbieten können. Hierauf müssen wir antworten, daß geistige Dinge nur auf geistigen Wegen bewiesen werden können. Nur wenige sind es, die greifbare Beweise für die Reinkarnation wie auch für andere geistige Wahrheiten erbringen können. Zwar gibt es eine kleine Anzahl von bewiesenen Fällen, doch wahre Beweise bekommt ihr nur durch eure eigene Intuition – als Ergebnis eurer eigenen Erfahrung.

Der einzige Weg, auf welchem der Mensch Kenntnisse über göttliche Geheimnisse erlangen kann, ist der Weg der Liebe und Selbstlosigkeit. Der Verstand allein, obgleich er seinen Platz in der Menschheitsentwicklung hat, kann die volle Wahrheit nie entschleiern. Dennoch ist es notwendig, den Verstand zu entwickeln, ehe das Verständnis für das Geistige dämmern kann. Durch vieles Lesen versucht der Mensch die Wahrheit zu ergründen, doch der Kern der Wahrheit liegt im Geistigen und du kannst die Wahrheit nur für dich selber finden, kein anderer kann sie dir geben. In deinem Ringen um ein klares Verstehen der Wiedergeburt mußt du dein wahres, inneres Selbst kennenlernen. Wenn du mit diesem voll vertraut bist, benötigst du keine Beweise mehr, der Pfad der Höherentwicklung liegt klar vor dir.

Ihr mögt euch wundern, warum ihr keine Erinnerungen an eure Vergangenheit habt. Doch könnt ihr euch der Zeit entsinnen, da ihr zweijährig, drei- oder vierjährig waret? Wie also könnt ihr hoffen, euch an Inkarnationen zu erinnern, die hunderte, ja tausende von Jahren zurückliegen? Die Erinnerung daran ist nicht in eurem physischen Gehirn gespeichert und kann auch nicht im astralen oder mentalen Körper gefunden werden. Doch wenn ihr in eurem himmlischen Leib tätig werdet, von manchen auch der Kausalkörper genannt, dann erinnert ihr euch, denn ihr rührt dort an euren himmlischen Verstand oder den «Tempel», das Archiv aller vergangenen Leben.

Wieviel Zeit vergeht zwischen den Inkarnationen? Das können wir nicht sagen, denn es gibt hierfür keine Regeln. Wir können nicht behaupten, der Mensch komme alle 200, 300 oder alle 500 Jahre zurück. Das wäre falsch. Wenn wir sagen würden, der Mensch gehe von einem Körper gleich in den nächsten, dann wäre das genauso falsch. Wenn wir behaupteten, tausende von Jahren lägen zwischen den Inkarnationen, auch das wäre nicht die ganze Wahrheit. Alles hängt vom Einzelwesen ab. Doch es ist für eine Seele durchaus möglich, für eine bestimmte Aufgabe rasch zurückzukehren.

Ihr werdet fragen wollen: «Zu welchem Zeitpunkt zieht die inkarnierende Seele in den Körper ein? Geschieht dies vor oder während der Geburt?» Hierzu möchten wir antworten, daß die Seele allmählich in ihren Körper einzieht und normalerweise erst mit dem 21. Lebensjahr vollständig und gänzlich inkarniert ist, doch ziehen wir es vor, uns nicht an eine genaue Zeit zu binden. Der erste Kontakt einer Seele mit der Mutter wird bereits *vor* der Zeugung hergestellt.

Eine weitere Frage: «Ist es für eine Seele während irgendeiner ihrer Inkarnationen möglich, eine Rückentwicklung zu erleiden?» Hierzu möchten wir die Gegenfrage stellen: «Wenn man auf seinem Weg an etwas Schönem achtlos vorbeigegangen ist, ist es dann nicht ratsam, ein paar Schritte zurückzugehen, um es genauer anzuschauen?» Würdet ihr das als Rückschritt betrachten? Seid euch immer bewußt, wie unmöglich es für eine Seele ist, eine andere Seele zu beurteilen. Jemanden richten heißt sich selber richten.

Ihr könntet auch fragen: «Inkarnieren wir immer in dieselbe Familie? Und wenn ja, haben wir dann stets die gleichen Eltern und dieselben Kinder?» Nein, doch Mitglieder derselben Familie zeigen die Neigung wieder zusammenzukommen, weil die Bindungen zu Bruder oder Schwester, Vater oder Sohn, Mann oder Frau manchmal tatsächlich sehr stark sind. Ihr werdet durch karmische Bande sowohl zur Familie als auch zum Freundeskreis hingezogen und wandert deshalb den Pfad der Höherentwicklung in Familien und Gruppen. Je nach eurem Karma findet ihr Liebe und Glück oder aber Feindschaft und Zwist, und es ist eure Aufgabe, Feindschaft und Zwist in Liebe umzuwandeln.

In seiner Inkarnation beeinflußt der Mensch unweigerlich und gesetzmäßig jenen Teil der Welt, in dem er lebt. Er wird dorthin inkarniert, wo er am besten lernen und dienen kann. Er gibt dem Leben und erhält vom Leben.

Wir wollen den Widerstrebenden die Lehre der Wiedergeburt nicht aufzwingen. Trotzdem ist die Wiedergeburt, wie auch Leben und Tod, ein Gesetz, und ob daran geglaubt wird oder nicht, ist belanglos. Es ist ein wenig seltsam, daß gewisse Menschen meinen, sie könnten die Gesetze von Reinkarnation, von Ursache und Wirkung und vom Leben nach dem Tod dadurch außer Kraft setzen, indem sie nicht daran glauben.

Wir möchten aber betonen, dass der Mensch seinen freien Willen hat. Niemals wird er gezwungen, niemals genötigt oder gedrängt und er wird auch nicht ohne seine Zustimmung, mir nichts dir nichts, vom Himmel entfernt und auf die Erde zurückgeworfen. Solange eine Seele erklärt: «Ich will nicht zur Erde zurück!» ist die Antwort: «Nun, mein Kind, dann bleibe noch ein Weilchen. Es eilt nicht.» Gott drängt niemanden. Alles ist eine Angelegenheit der individuellen Entwicklung. Habt ihr einmal Verständnis und Einsicht erlangt, dann ist euer einziger Wunsch, zur Arbeit zurückzukehren und die einzige Frage ist: «Wann kann ich gehen?»

Wir haben bereits angedeutet, dass ihr geneigt seid zu glauben, man könnte auf der Astralebene ebensogut seine Lektionen erlernen und seine Erlösung erreichen wie auf der Erde, denn man würde ja auf der Astralebene die gleichen Bedingungen vorfinden wie auf Erden. Doch die feinstoffliche Materie der Astralebene ist sehr verschieden von der Materie der Erdensphäre. Man kann sie durch Gedankenkraft beeinflussen und formen. In der dunklen, dichten Erdmaterie wird die Seele mit schwierigen Aufgaben konfrontiert, die sie lösen muß, und die sie *nur dort* lösen kann. Zweck der Schöpfung ist die geistige Höherentwicklung. Die Seele muß lernen dichte Materie zu meistern, denn in sich birgt sie göttliche Fähigkeiten. Gott wirkt in der Materie durch seine gesamte Schöpfung. Der göttliche Funke im Innern wächst und entfaltet sich, bis er sein Werk vollendet hat. Das bedeutet vollständige Meisterschaft der Seele über sich und ihre Umweltbedingungen. Der Gedanke, vom Körper befreit zu sein, um seine Entwicklung nach dem Tode in einer Welt mit leichteren und angenehmeren Umweltbedingungen durchzustehen, ist viel attraktiver. Doch die Dinge liegen anders.

Wir wollen auch nicht versäumen hervorzuheben, dass die Freude jener Seele, die Meisterschaft über die Materie und somit über sich selbst erlangt hat, unvergleichlich gross ist. Könnten wir euch nur ein klein wenig von jener intensiven Freude vermitteln, die ein erfülltes Leben auf der Erde mit sich bringt, dann würdet ihr verstehen und euch mit jeder Seele freuen, die eine Gelegenheit erhält, in die Materie zurückzukehren, um neue Erfahrungen zu sammeln, neue Abenteuer zu bestehen.

Viele von euch sind zur Erde zurückgekehrt, weil ihr den Menschen helfen wollt, nicht notwendigerweise, um in die Kirche zu gehen und gute Werke zu tun, sondern ganz einfach, weil eure Gegenwart Freude und Trost im Leben jener bedeuten kann, die um euch sind. Vielleicht bringt ihr Freude in die Familie, in die ihr geboren seid – Freude jenen, die später eure Kinder werden und vielleicht auch Freude und Segen euren Freunden.

Du kannst am besten dienen, nicht indem du deine Energie und Kraft zersplitterst, sondern dadurch, daß du ein wahrer Sohn, eine wahre Tochter Gottes bist und Wärme und Licht verbreitest, um jeder Blume zu helfen, in jener Ecke des Gartens zu gedeihen und zu blühen, dort wo ER sie eingepflanzt hat.

VIII

KARMA

Erleuchtete Wahrheitssucher aller Jahrtausende haben Karma als eines der göttlichen Gesetze erkannt, welche das Leben der Menschen auf der Erde bestimmen. Alles Leben wird durch Gesetze geregelt. Haben wir einmal grundsätzlich erkannt, daß diese göttlichen Gesetze unausweichlich sind, fällt es uns leichter, die Schwierigkeiten, denen wir ins Auge sehen müssen, anzunehmen. Die Ansicht hingegen, nach welcher Karma eine Art Strafe sein soll, die dem Menschen für seine Missetaten auferlegt wird, teilen wir nicht.

Dem Menschen wird gesagt, Gott sei die Liebe. Dennoch muß der Mensch zusehen wie jene leiden, die er liebt und muß selber leiden. Empörung und Verbitterung übermannen ihn, wenn er seinen Freund in Schmerzen sieht und er nichts tun kann um ihm zu helfen, oder wenn er sein Liebstes durch den Tod verliert, ausgerechnet dann, wenn das Leben so viel zu versprechen scheint. Natürlich stellt er die Liebe Gottes dann in Frage. Wirft der mitfühlende Mensch einen Blick über die durch Leid und Krieg zerrissene Welt, dann fragt er sich verzweifelt: «Wo ist Gott? Warum erlaubt Er so viel Streit und Leid?»

Liebe Freunde, laßt uns anhalten und nachdenken. In jedem Augenblick des Lebens zeigt Gott dem Menschen Schönheit und Liebe. Da ist keiner von euch, der nicht gelegentlich ein Gefühl von unbeschreiblicher Freude und Dankbarkeit erfahren hätte. Es mag sein, daß ein solches Hochgefühl aus der Tiefe eurer Seele während einer beglückenden Ferienzeit auftaucht, oder nachdem eine Wolke von Sorge und Mühe vorüber gegangen ist. Mag sein, daß es auf eine Versöhnung folgt oder vielleicht, wenn ihr eurem Lebenskameraden begegnet. Hier laßt uns einflechten, daß eine solche Liebe die göttliche Antwort ist auf euer inneres Sehnen nach einem Ideal, einem Kameraden, nach Schönheit und nach Gott. Es ist die Suche nach Gott, die den Menschen antreibt, seinen Lebensgefährten zu finden. Hinter aller Natur steht die Suche nach Gott. Auf diese Art spricht Gott in des Menschen Herzen. Doch der Mensch, der die Stimme nicht als die Stimme Gottes erkennt, erklärt es mit naturbedingtem Geschehen. Trotzdem ist alle Schönheit, jedes Gefühl von Freude und Glück in Tat und Wahrheit ein Ausdruck Gottes durch die menschlichen Sinne. Wir alle kennen die Freude, die im Zusammensein mit einem mit uns harmonierenden Menschen zu finden ist. Diese Freude stammt von etwas, das jenseits menschlichen Verstehens liegt, und sowohl über den Partner, wie auch durch unser eigenes Herz zum Ausdruck kommt.

Mit dem Verstand allein kann der Mensch Gott nie erfassen. Doch wenn er auf dem Pfad der Erfahrung an einem bestimmten Punkt angelangt ist, kann er Gott finden. Gott spricht zum Menschen durch sein Herz und wenn das geschieht, dann *weiß* er – und er wird die Liebe Gottes nie mehr in Frage stellen. Wer sich einmal als Sohn oder Tochter Gottes erkannt hat, kennt die Liebe des Vaters.

So kommen wir zuguterletzt zu der höchsten Erkenntnis, daß Gott die Liebe ist, und daß alles was lebt auf Erden, aus Gottes Liebe hervorgeht.

Die göttliche Mutter

Laßt uns für einen Augenblick innehalten und mit unserer Vorstellungskraft über unser Gottesideal nachdenken. Vorurteile hindern den Menschen heute noch, den Mutteraspekt in der Gottheit anzuerkennen. Die Verehrung der göttlichen Mutterschaft aber existierte seit Anbeginn der Zeit. Jeder Mensch liebte einmal eine Mutter. Eines Mannes Liebe zu seiner Frau, der Mutter seiner Kinder, ist wie eine innere Stimme, die ihn drängt, in der Mutter einen Ausdruck der Göttlichkeit zu sehen.

Wir wünschten, ihr würdet öfter über die göttliche Mutter meditieren und euch vor dem Ideal vollkommener Mutterliebe verneigen. Laßt eure Gedanken zum Mutteraspekt der Gottheit schweifen, zu allem was mitfühlend, warmherzig, gütig, liebend und verstehend ist. Die weise Mutter weiß genau, was für ihr Kind gut ist und vernachlässigt ihre Pflicht niemals. Wenn nötig, wird sie korrigierend einschreiten, immer aber in großer Liebe.

Was hat all das mit der Wirkungsweise des karmischen Gesetzes zu tun? Alles – meine Freunde – denn es enthält den Kernpunkt der Wahrheit. Wir möchten euch Karma oder das Gesetz von Ursache und Wirkung als ein Gesetz erläutern, das aus göttlicher *Liebe* erschaffen wurde – nicht um den Menschen zu strafen, sondern um ihn zu schulen und ihm zur Wahrheit zu verhelfen. Da dem Kind das Wort «Schulung» oder «Lektion» meistens zuwider ist, möchten wir das Gesetz vom Karma verstanden wissen als eine *Gelegenheit,* Gott kennen zu lernen. Alle Lebenserfahrungen, die ihr macht, bringen euch letztendlich zu Gott, zu Freude und Glück.

So sehen wir nun, Gott ist den Menschen beides, Mutter und Vater, sowohl göttliche Weisheit und Liebe, wie auch göttliche Macht. Hinter jeder Erscheinungsform sind diese beiden Aspekte wirksam. Daher sollten die Kinder Gottes – Funken göttlicher Liebe aus dem Herzen Gottes hervorgegangen – lernen, jenes Glück zu verwirklichen, jenes göttliche Glück, welches Er als Samenkorn in jede Seele gelegt hat.

Sinn und Zweck des Karma

Zu Anbeginn war der Mensch wie ein kleines Kind, ein Baby in völliger Unkenntnis göttlicher Gesetze und ohne jede Erfahrung. Ein kleines Kind muß erst alles erlernen, zu sitzen, zu essen, zu stehen, zu laufen und zu spielen. Dann muß der junge Mensch durch Denkprozesse und Erfahrungen viele Tatsachen des Lebens erlernen und verarbeiten und so seine Reife erlangen. Der Geist des Menschen geht durch eine ganz ähnliche Entwicklung. Sie beginnt mit seiner Erschaffung durch VATER-MUTTER-GOTT, findet ihren Fortgang in seinem geistigen Wachstum und endet mit der großen Heimkehr in der Wiedervereinigung oder dem EINS-Werden mit Gott.

Ohne daß die Seele physische, mentale oder geistige

Leiden erfährt, kann keine Bewußtseinserweiterung erfolgen, kann kein Wachstum vom Unbewußten zum Selbstbewußten und weiter zum Christusbewußtsein stattfinden. Bevor eine Seele selber Leid erfährt, ist sie sich der Leiden der Mitmenschen nicht bewußt und somit auch nicht in der Lage, Not und Schmerz zu lindern und zu heilen. Schmerz verhilft zu Mitgefühl, Verständnis und Erleuchtung. Der Mensch lernt sowohl durch Schmerz und Leid, wie auch durch Glück und Freude.

Trotz seiner Unwissenheit hat das Kind von Anfang an zwei Aspekte in sich, die die Menschen gut und böse nennen. Im Verlaufe seines Lebens wird es beides, sowohl das Gute wie das Böse, ausüben und auf seinem himmlischen Kontoblatt wird laufend Soll und Haben verbucht.

Wäre diese Wahrheit einmal fest verankert und würden alle Menschen einsehen, daß sie ernten was sie gesät haben, dann würden sie in ihrem Tun innehalten, ehe sie das zerstörten, was zur Harmonie und Schönheit im Leben beiträgt. Keiner von uns würde willentlich seinen Bruder erschlagen.

In der Geschichte von Kain und Abel wird dies erläutert, denn als Kain, der Aspekt des Bösen, Abel erschlug und danach vertrieben wurde, rief er aus, daß sein Leid größer sei als er ertragen könne. Doch bist du dir bewußt, daß du durch jeden Wut- oder Zornausbruch auch zum «Mörder» wirst? Gedankenlos hingeschleuderte, grausame Worte morden irgendetwas Schönes und Gutes. Bedenke dies und du wirst erkennen, wieviel klüger es ist, den Pfad der Selbstdisziplin und der Gottsuche zu gehen, als den zerstörenden

Kräften zu gestatten, die Oberhand zu gewinnen. Der Sohn Gottes in deinem Innern baut auf und erschafft dauernd das Gute. Doch wenn Kain in dir dies wiederum zunichte macht, setzt er einen Betrag auf die Soll-Seite des Kontoblattes.

Vergangenes Karma kannst du nicht ändern, doch was in Zukunft sein wird, liegt in deiner Hand. Deshalb, mein Freund, sei weise und richte dich nach den Gesetzen Gottes. Achte auf deine Gedanken, halte deine Zunge im Zaum und sei freundlich und liebevoll. Letztendlich kommt es nur auf eines an: Sei freundlich, mitfühlend und füge keiner lebenden Kreatur irgend ein Leid zu. Wer gelernt hat, wie schmerzhaft Gedankenlosigkeit, Unkenntnis und Halsstarrigkeit eines anderen sein können, wird sich in Zukunft davor hüten. Die Meister der Weisheit würden nie jemandem Schmerz und Leid zufügen. Sie sind ganz Liebe, ganz Mitgefühl. Doch sie anerkennen auch das Gesetz der Gerechtigkeit und wissen, daß jedes Leben zuguterletzt ausgeglichen und im Gleichgewicht sein muß, im Einklang mit dem göttlichen Licht, der Quelle allen Lebens.

Jede Tat verursacht Karma, das bei weitem nicht immer erst in ferner Zukunft ausgeglichen werden muß. Es mag sein, daß die Schuld bereits nach einigen Stunden oder Tagen bezahlt wird. Denke aber nicht, daß du den Tag der Schuldbegleichung auf unbegrenzte Zeit verschieben kannst. Du kennst weder den Tag noch die Stunde der Abrechnung. Das läßt sich ganz einfach veranschaulichen. Wenn du auf einer stark befahrenen Straße gehst und nicht acht gibst wohin du trittst, kannst du fallen und verletzt werden.

Dann sagst du vielleicht: «Na schön, ich nehme an, das ist mein Karma.» Ja, es ist dein Karma, doch eines mit sofortiger Wirkung und keines aus vergangener Zeit. Das Karma lehrt uns, in unserer Lebensführung vorsichtig, umsichtig und gottbewußt zu werden. Sinn und Zweck des Karma kann man so definieren: Durch die Erfahrung von Schmerz und Leid gewinnen wir Weisheit.

Nimm an, ein Dieb bricht in dein Haus ein und entwendet alles. Dann magst du ergeben sagen: «Ach, das ist eben mein Karma.» Doch worauf es ankommt ist dies: Hast du aus deinem Karma etwas gelernt? Wenn nicht, kommt es erneut – vielleicht in diesem Leben, vielleicht erst in einer viel späteren Inkarnation. Wichtig ist, daß deine Seele lernt, was es heißt, ausgeraubt zu werden, weil du selber einstmals diesen Schaden einer anderen Seele zugefügt hast. So erteilt uns das Karma Lektionen und hilft uns auch, unseren Bruder zu verstehen und ihm an die Hand zu gehen, damit er *seine* Lektion erlerne. Das rührt an die subtile Frage: Wenn wir unserem Bruder einen Schmerz zufügen und ihm dadurch helfen eine Lektion zu erlernen, dann wäre das doch eigentlich gar nicht so schlimm. Nun, das Gesetz lautet: «Tut anderen das, was ihr wünscht, daß sie euch tun» und wenn du deinen Bruder verletzest, schaffst du dir neues Karma, das später auf dich zurückfällt, denn du mußt dieselben Schmerzen erleiden, die du verursacht hast. Das Gesetz wirkt in beiden Richtungen, und sein großes Ziel ist, die Menschenseele dahin zu bringen, das vollkommene Leben – das göttliche Leben – zu verwirklichen.

Ihr mögt nun fragen: «Kann Karma durch Reue umgewandelt werden?» Den Fehler einsehen bedeutet schon viel. Was noch bleibt ist der Mitmensch, gegen den gesündigt wurde. Der Impuls, das Unrecht wieder gutmachen zu wollen, ist durchaus natürlich. Wenn du jemanden verletzt hast, bist du voller Reue und Mitgefühl, und dann sagst du: «Es tut mir leid, Bruder, laß mich die Wunde heilen.» Aus einem solchen Mitgefühl strahlt der Friede, die Liebe und das Licht Gottes aus dir. Das bringt Trost und Wärme.

Nun erhebt sich die Frage: Wenn Krankheit und Schmerz auf eine karmische Schuld zurückzuführen sind, ist es dann richtig, durch geistiges Heilen dem Patienten zu helfen sein Karma zu überwinden? Das Gleichnis vom guten Samariter gibt hierzu die Antwort. Ein guter Samariter tut stets sein Bestes. Er hilft und heilt.

Was für eine Rolle spielt der Patient bei einem solchen Heilvorgang. Ihm ist eine prächtige Gelegenheit geboten – und dies verdankt er seinem *guten* Karma – sich über sein leibliches und seelisches Elend zu erheben. Ist er weise, dann ergreift er die Gelegenheit und wird versuchen, die gebotene Lektion zu erlernen. Durch sein Sehnen nach Gott, nach Christus, erhebt er sich über sein Karma hinaus, und sein schlechtes Karma wird abgebaut oder umgewandelt. Jeder Mensch kann auf diese Weise durch seinen Christus-im-Herzen zu Gott gelangen.

Als ihr Kinder waret, sagte man euch wahrscheinlich, der Weg zur Erlösung werde gefunden, wenn man Jesus liebe, und daß Jesus euch erretten könne. Ihr wurdet belehrt, daß Jesus sich hingab um die Welt zu erlösen, daß Jesus Christus oder der Sohn Gottes auf die Erde gekommen sei, um die Seelen der Menschen zu retten. Wie kann er das tun? Indem er in ihnen die Liebe und die Macht zu lieben erweckt. Es ist die Liebe Christi – Christus in des Menschen Herzen – der die Menschheit erlösen wird. Ein wunderschönes Symbol für diese Liebe ist die Rose.

Schlechtes Karma wird nicht nur durch Mangel an Liebe, sondern auch durch mangelnde Weisheit und durch Unkenntnis angehäuft. Bis eine Seele es selber erfahren hat, kann sie weder wissen noch verstehen, was Liebe ist. Nur durch Erfahrung erwirbt sie Liebe und Weisheit. So ist denn die weiße Rose das Symbol für den reinen und unschuldigen Geist. Die rote Rose hingegen ist das Symbol für die Seele desjenigen, der durch die Tiefen menschlicher Erfahrungen gegangen ist und den Sinn der Liebe erfaßt hat.

Wenn wir die Frage der Unkenntnis, des Nicht-Wissens anschneiden, geraten wir in einige Schwierigkeiten. Niemand ist so unwissend, daß er nicht wüßte, wie unrecht Selbstsucht und Habsucht sind. Dennoch verharrt der Mensch darin und häuft dadurch Leid und Schmerz auf sich. Man muß hingegen unterscheiden zwischen unschuldiger Unkenntnis und vorsätzlichem Nicht-wissen-Wollen, wobei man sich weigert, auf die innere Stimme zu hören.

Hinter der Praxis von Beichte und Absolution stand einst die Idee der Reinigung der Seele von Dunkelheit und selbstsüchtigen Gefühlen, indem man ihr half sich zu erheben und Gott zu finden. In Fällen von spontanem Sinneswandel wird die Seele vom Einfließen göttlicher Kraft derart beeindruckt, daß es zu einer völligen Umkehr, einer Sehnsucht zu dienen und zu geben, kommen kann. Man sagt, Jesus der Christus habe die Sünden der Welt auf sich genommen und habe durch sein Leben und seinen Opfertod mitgeholfen das Karma der Menschheit zu tragen. In einem gewissen Sinn nimmt auch die zur Einsicht gekommene Seele das Karma ihrer jüngeren Brüder auf sich, nur in abgeschwächtem Maß.

Gelegentlich wird eine sich inkarnierende Seele, die eine bestimmte Aufgabe zu erfüllen hat, in eine Familie geboren, in welcher die Tendenz zu gewissen Erbkrankheiten besteht. Diese Seele wird je nach ihrer inneren Kraft einer solchen Krankheit standhalten oder erliegen. Es wird ihr eine Gelegenheit geboten, sich zu bewähren. Sie kann ihre seelische Kraft derart steigern, daß sie der Krankheit nicht zu erliegen braucht. Somit bleibt ihr dieser Weg erspart.

Wir möchten die Vererbung nicht als unausweichlich betrachten, denn jede Seele hat bis zu einem gewissen Grad das Selbstbestimmungsrecht, wie sie ihr Karma auszugleichen wünscht. Der Schüler kann auf mehr als nur einem Weg eine Rechenaufgabe lösen. Ebenso kann der Mensch in Ausübung seines freien Willens den eigenen Lebensweg wählen.

Ihr mögt fragen, ob das Ausgleichen eures Karmas beschleunigt werden kann. Sicherlich, besonders wenn die Seele «erwacht» und ihr in der jenseitigen Welt eine ihrem Verständnis angemessene Vision des Göttlichen gewährt wird, so daß sie ruft: «Jetzt möchte ich rasch zu Gott zurückkehren.» «Gut, mein Sohn, meine Tochter», kommt die Antwort, «doch zuvor müssen noch viele Hindernisse weggeräumt und vieles in Ordnung gebracht werden.» Kommt dann die Zeit für eine neue Inkarnation, werden die Lebensumstände so gewählt, daß die Seele rascher zum Ziel kommt. Anderen mag solch ein schwieriges Leben traurig und schmerzlich vorkommen – doch jene, welche die Vision gehabt haben, nehmen ihr Schicksal mutig auf sich. Sie nehmen ihr Karma an, denn sie wissen, daß sie damit ihr Ziel schneller erreichen. Daher können und dürfen wir über einen Mitmenschen niemals urteilen. Was wir nach unserem Maßstab als leichtes Los bezeichnen, empfindet die betroffene Seele vielleicht als ein hartes und schwieriges Leben. Was andern als hartes Los erscheint, wird vom Betroffenen vielleicht mit innerer Ruhe hingenommen, als Gnade, die alle Erfahrungen, die guten wie die schlechten, zum freudigen Ereignis werden läßt.

Das bringt uns zum Kernpunkt unserer Lehre. Durch ihre Schwierigkeiten fühlt sich die Menschheit oft ans Kreuz geschlagen, doch daraus erblüht im Herzen die herrlich duftende Rose. Diese Rose ist, wie die Mystiker wissen, das Symbol für ein Herz voller Liebe – für das Herz des gekreuzigten Christus – für das Wunder einer opferreichen Liebe, die der ganzen Menschheit erblüht. Mit Abscheu erblickt ihr die Leiden der Welt, doch ihr könnt nicht erkennen, was jenseits der Gegenwart liegt. Wer wollte den Menschen den Duft und die Vollkommenheit der Rose vorenthalten?

Würde Gott der Menschheit das Leiden ersparen, würde ER ihr gleichzeitig die Auswirkung des Leidens vorenthalten, das, nach dem ihr alle strebt, für das ihr lebt, für das ihr erschaffen wurdet – das Erlangen des Christusbewußtseins und die damit verbundene unbeschreibliche Freude. Ihr könnt die Rose und das Kreuz nicht voneinander trennen. In den frühen Stadien der Menschheitsentwicklung muß die Rose allmählich am Kreuz erblühen und in den fortgeschritteneren Stadien dieser Entwicklung schwindet das Kreuz und nur die Rose bleibt. Dann hat der Mensch das Bewußtsein, daß er in Christus ist und Christus in ihm, erlangt. Deshalb raten wir euch, seid gelassen, seid objektiv. Haltet nicht zurück mit Sympathie und Liebe, doch verschwendet eure Gefühle nicht am falschen Ort. Während ihr den Leidenden eure Liebe und Sympathie zuwendet, erinnert euch gleichzeitig, daß das Leid ein Weg zur Erleuchtung ist, zur Geburt des Christusbewußtseins im Menschen. Das Leid wird vergehen und vergessen, doch in der Seele bleibt als Resultat ein verfeinertes Bewußtsein zurück.

Ihr mögt fragen, ob es denn nicht möglich sei, dieses Bewußtsein über den Weg der Liebe und des Glücks zu erreichen? Doch, das ist durchaus möglich. Gott gab den Menschen den freien Willen und der Mensch wählte den Eigenwillen. Somit wählte er den Weg des Leidens. Gott aber ist weise und liebevoll. In großer Liebe segnet und begleitet ER den Menschen und führt ihn durch das Leid zum wahren Glück.

Friede, meine Freunde, Friede sei in euren Herzen und wisset, daß Gott gut ist!

IX

GEISTIGES HEILEN

Einer der wichtigsten Aspekte auf dem geistigen Pfad ist das Heilen. Allen jenen, die sich als Heiler betätigen möchten, wollen wir nahe legen, daß sie sich selber als Kanal für die göttliche Lebenskraft erkennen, daß sie lernen, sich als Söhne und Töchter Gottes zu sehen und sich bewußt sind, daß sie für alles auf ihren himmlischen Vater angewiesen sind.

Die Heilkraft wird dauernd durch euch fließen, wenn ihr einmal die Technik, die höheren Sinne den kosmischen Heilstrahlen zu öffnen, verstanden habt. Ihr alle könnt zum Instrument für diese kosmischen und magnetischen Heilstrahlen werden. Viele Menschen allerdings verschließen sich diesen lebenspendenden Kräften aus Unkenntnis oder aus anderen Motiven.

Die Aufgabe eines Geistheilers ist, das heute anerkannte medizinische System zu unterstützen, in Harmonie mit demselben zu wirken und, wenn möglich, mit ihm zusammenzuarbeiten. Es gibt so viele verschiedenartige Menschen auf Erden. Die einen sprechen auf eine ganz bestimmte Heilmethode an, andere wiederum auf etwas ganz anderes. Es wäre auch nicht sehr weise, viel Zeit, Energie und Arbeit für geistiges Heilen aufzuwenden, wenn eine körperliche Störung leicht, einfach und schnell durch medizinische Behandlung oder durch einen chirurgischen Eingriff behoben werden kann. Doch möchten wir betonen, daß die Grundlage allen Heilens geistiger Art ist, und daß der Tag kommen wird, an dem geistiges Heilen auf eurer Erde nicht nur anerkannt, sondern als außerordentlich wichtiger Dienst praktiziert werden wird. Doch zuvor muß der Mensch sich geistig entfalten, ehe er seinen Körper unter Kontrolle hat.

Grundsätzlich entstehen alle Krankheiten im Körper durch einen Mangel an geistigem Licht. Man kann es auch anders ausdrücken und sagen: Krankheit ist ein Mangel an Harmonie oder ein schlechtes Befinden ist ein Mangel an Wohl-Befinden. Beinahe sieht es so aus, als sei der Mensch sein ganzes Leben lang damit beschäftigt, Disharmonie und Krankheit heraufzubeschwören. Harmonie und Gesundheit bleiben erhalten, wenn das Leben durch den innewohnenden Christus gelenkt wird.

Geistiges Heilen ist durchaus wissenschaftlich. Es bewirkt die Harmonisierung der widerspenstigen physischen Atome. Geistiges Heilen ist wie eine Kommandostimme, die vom Herz-Zentrum aus ertönt, und diese Kraft wirkt größtenteils durch den Heiler, aber auch durch den Patienten. Die Kommandostimme aus dem Herzen ist die *Liebe,* welche die widerspenstigen Atome in Harmonie bringt. Diese werden veranlaßt, der Stimme göttlicher Liebe zu gehorchen. Das ist das Geheimnis des Heilens. Wenn sowohl der Patient wie auch der Heiler in vollständigem Einklang sind mit jenem Zentrum der Liebe, dann wird der Patient spontan geheilt, weil er unbewußt den richtigen kosmischen Strahl wählt, den seine Seele und sein Körper benötigt.

Jesus, der große Meister, erbrachte den Beweis für

diese göttliche Kraft in vollem Umfang. Er befaßte sich nicht mit den Namen der Krankheiten, sondern ging stets zum Kern, zur geistig-seelischen Ursache zurück. Er heilte, indem er das «erweckende» Licht in die Seele einfließen ließ. Er rief beispielsweise: «Lazarus – komm heraus», und Lazarus kam in seinen Grabgewändern aus der Gruft. Erkennt ihr die symbolhafte Bedeutung dieser Worte? Lazarus war ganz eingehüllt in irdische Belange, in irdisches Denken. Er war wie ein Toter und die Stimme des Meisters rief: «Lazarus – komm heraus.» Und so erhob sich Lazarus «von den Toten». Das ist die Arbeit des wahren Heilers.

Ihr wißt natürlich, daß es in der Seele auch eine Ansammlung von Karma gibt. In gar vielen Fällen liegt die Ursache einer Krankheit tief in der Seele. Sie stammt aus einem früheren Leben und wurde in den heutigen Astralleib einprogrammiert. Der Astralleib wird von den Erfahrungen der Vergangenheit geprägt. Solches im Astralleib gespeicherte Karma wirkt sich manchmal in physischen Krankheiten oder aber in den Lebensumständen aus. Das karmische Gesetz ist genau, gerecht, vollkommen und wahr. Ihr könnt in das Karma eines anderen nicht eingreifen, aber ihr könnt eurem Patienten helfen, sein Karma umzuwandeln. Wenn ihr dem Patienten den Weg zeigt wie er die Fülle des Christuslichtes in sich einfließen lassen kann, helft ihr ihm, sich selber zu helfen. Auf diese Weise lernt er seine Lektion durch die Transmutation – die Umwandlung – seines Karmas, anstatt durch Krankheit.

Sinn und Zweck des Karmas ist die Schulung. Es

bietet eine Gelegenheit, gewisse Lektionen zu erlernen, Weisheit zu erlangen und geistig zu wachsen. Ist die Seele arrogant – und das ist so oft der Fall – ist sie nicht gewillt gläubig anzunehmen, sondern beharrt auf eigenem Besserwissen, dann bleibt nichts anderes übrig, als den vorgeschriebenen Weg zu gehen, d.h. die physische Krankheit durchzustehen. Es gibt allerdings auch Seelen, die freiwillig den Pfad des Leidens wählen, doch diese Entscheidung liegt im Unterbewußtsein.

Das bringt uns zu einem weiteren Punkt: Dränge niemandem jemals geistiges Heilen auf. Die Seele sollte aus freiem Willen geistige Hilfe suchen. Was der Patient benötigt ist geistiges Licht. Der Zweck des Schmerzes ist ihn zum Licht zu führen.

Aus diesem Grunde sollte sich ein geistiger Heiler nicht allzusehr mit dem physischen Körper und seinen mannigfachen Krankheitssymptomen beschäftigen, sondern mit der Seele und der Aura seines Patienten. Wohl ist es wahr, daß ein Heiler gewisse magnetische Kräfte (Heilmagnetismus) besitzen und so den Patienten vorübergehend von den Symptomen befreien kann. Doch das ist nicht genug. Im geistigen Heilen heilt man die Seele. Zur gegebenen Zeit wird sich die seelische Gesundung auf den Körper auswirken.

Wahres Heilen spielt sich auf der geistigen Ebene ab. Die Heilkraft stammt aus der Christussphäre und der dort wirkenden göttlichen Kräfte. Je nach dem Reinheitsgrad des Heilers fließt die Heilkraft durch seine feinstofflichen Körper und entströmt seinen Händen und seiner ganzen Aura. Genauso wie ein klarer Bergbach ein sauberes Bachbett braucht, um rein zu bleiben, so benötigt der Heilstrom die reine Aura des Heilers. Es geht nicht nur um das Auflegen der Hände, sondern um den Kontakt mit Christus. Durch diesen Kontakt kann die Heilkraft Christi zum Fließen kommen und durch die gedankliche Kontrolle des Heilers auf den Patienten konzentriert oder in ihrer Wirkung intensiviert werden. Aus diesem Grunde ist es verständlich, daß die Methode des Fernheilens genau so wirksam sein kann, wie das Auflegen der Hände, sofern sie richtig ausgeführt wird.

In den unsichtbaren Heilstrahlen sind gewisse Eigenschaften vorhanden, Farben, Schwingungen, ja sogar ätherische Düfte, die der Heiler heranziehen kann, um sie an den Patienten weiterzugeben. Wenn ein Mensch krank wird, «fehlt ihm etwas», oder er ist in seinem seelisch-geistigen Gleichgewicht gestört. Der Heiler wirkt in Zusammenarbeit mit den Heilengeln, damit die Seele das, was ihr fehlt, erhält, der Mangel behoben wird, damit sie ins Gleichgewicht kommt, Gesundheit oder Ganzheit erhält. Er ist ein Kanal für die reinen, geistigen Kräfte, und deshalb muß er sich bemühen so zu sein, wie die Priester und Priesterinnen in längst vergangenen Zeiten waren. Er muß durch reines Leben, reines Denken und selbstloses Handeln wie auch durch korrektes Verhalten zu einem menschlichen Werkzeug des Geistes werden.

Bemühe dich mit ganzer Kraft bei guter Gesundheit zu bleiben. Überarbeite dich nicht, weder geistig, seelisch, noch körperlich. Beachte die Regeln für ein reines, gesundes Leben. Bleibe harmonisch in deinem innersten Wesen. Ernähre dich von den reinen, gesunden Früchten der Erde. Atme das Leben Gottes mit vollem Bewußtsein ein. Sei freundlich zu deinem Körper und zwinge ihn nicht Dinge zu tun, die nicht weise sind. Verunreinige ihn nicht mit Rauch. Gönne ihm Ruhe, reinige ihn und ernähre ihn mit gesunder Nahrung und bringe ihn in Einklang mit den reineren Schwingungen der höheren Sphären. Die Grundlage allen Heilens ist das In-Einklang-Kommen des Heilers mit den Kräften der Natur und des Geistes.

Fühlst du dich müde und ausgepumpt, dann besinne dich auf die Notwendigkeit, dich wieder aufzuladen. Gute Methoden des Aufladens sind das Eintauchen der Hände in kaltes Wasser, Beschäftigung mit der Erdkrume, oder im Wald spazieren zu gehen. Stelle dich mit dem Rücken gegen einen kräftigen Baum und atme mit ihm. Atme seine Lebenskraft in dich ein und du wirst erstaunt sein, wie erfrischend die Kraft in dich einströmt. Wende dich zur Natur, wenn du müde und abgespannt bist; und wenn du deine Arbeit einfach nicht mehr tun kannst – dann ziehe dich zurück. Mit der Zeit wirst du lernen, wie du dich am besten aufladen kannst, damit du nicht mehr müde wirst.

Entspannung ist wichtig sowohl für den Heiler als auch für den Patienten, doch die Entspannung muß unter der Kontrolle des höheren Selbstes stehen. Laß deinen Körper völlig entspannt ruhen. Entspanne dein Gemüt und erlaube dem himmlischen Leib, durch den physischen, den astralen und den mentalen Körper hindurch deine Aura mit dem Licht Christi zu erfüllen. So wenige Menschen wissen, wie man sich entspannt. Sie laufen verkrampft herum, ihre Gesichter sind angespannt und sollten doch Entspannung, Frieden und Hingabe an die himmlischen Welten zum Ausdruck bringen.

Je mehr du dich bemühst, zum reinen Kanal für die Heilkräfte zu werden, desto sensitiver wirst du. Darum ist es wichtig dir zu sagen, wie du deine Aura schützen kannst. Sobald du dir einer negativen oder schädlichen Schwingung bewußt wirst, oder denkst, es könnte etwas Unerwünschtes in dich eindringen, dann schütze dich, indem du dir vorstellst, wie du deine Aura «einziehst» und wie einen schützenden Mantel um dich legst. Auch helfen dir einige tiefe Atemzüge. Atme das göttliche Licht in dich ein und lege deine Hände auf das Sonnengeflecht, die Rechte über die Linke, und verharre in positiven Gedanken.

Da die rechte Hand die gebende und die linke Hand die empfangende ist, könnt ihr die linke Hand betend emporhalten und bitten, daß die Heilkraft durch die linke Hand in euch einströmen möge. Sie ist wie ein Magnet. Pulsierende Lebenskräfte strömen in sie ein und dringen durch den Körper in die rechte Hand und von dort zum Patienten.

Die Berührung des Patienten sollte ganz zart sein. Ein ganz leichter Kontakt genügt. Die Strahlung geht sodann von den Fingerspitzen und der Handfläche aus. Seid euch bewußt, ihr Heiler, daß unsichtbare Hände über den euren liegen. Eure Hand ist lediglich die «Elektrode», die den Heilstrom weiterleitet.

Achte darauf, daß du dich gefühlsmäßig nicht allzusehr mit dem Patienten beschäftigst. Ein Arzt kann freundlich sein und für seinen Patienten Sympathie aufbringen, doch wenn er weise ist, läßt er jede Emotion aus dem Spiel. Gefühle und Emotionen müssen bei jeder geistigen Tätigkeit unter strikter Kontrolle gehalten werden. Unbeherrschte Gefühle können die feinste Arbeit zerstören und die beste Heilgruppe auseinanderbrechen lassen. Wir raten dir dringend, lieber Freund, überwinde die Schwäche unkontrollierter menschlicher Emotionen, denn nichts anderes hemmt so stark den Fortschritt auf dem geistigen Pfad. Wer weise ist, der ist ausgeglichen, freundlich, ruhig, liebevoll gegen alle und richtet sich unmittelbar an das göttliche Zentrum der Liebe und Weisheit.

Die Macht der Gedanken

Gedanken können Gesundheit bewirken, Gedanken können heilen. Gedanken können aber auch Leid und Krankheit hervorrufen, können des Menschen Seele, sein Gemüt und seinen Körper zerstören. Eure Wissenschaft steht erst ganz am Anfang der Erkenntnis über die Gedankenkräfte. Gedanken des Ärgers, der Furcht und des Hasses sind die Wurzeln aller Leiden und aller Kriege. Andererseits sind Gedanken aber auch die Ursache von Schönheit, Harmonie, Bruderschaft und all dessen, was sich der Mensch ersehnt.

Wir selber arbeiten so weit als möglich mit der schöpferischen Macht der Gedanken. Wir versuchen, alle zerstörenden Gedanken zu meiden. Es ist unser Grundsatz, den Rat- und Hilfesuchenden stets positiv zu begegnen und in allem nur das Gute zu sehen. Wir tun dies voll bewußt, auch wenn man uns für einfältige Optimisten halten sollte. Wir wissen, daß wir durch positive Gedanken und dadurch, daß wir immer nur das Gute sehen, mithelfen, das Gute und Positive zu erschaffen. Wir denken nie in Bildern von Pessimismus, Traurigkeit oder Tod. Alles ist Leben. Alles ist Fortschritt und Entfaltung. Alles ist gut. Alles ist Gott. Deshalb sollten jene, die Heiler werden wollen, ausschließlich positiv denken und wirken.

Sprich nie die Vermutung aus, daß dein Patient sterben könnte. Sieh nur das schöpferische, das sich stets verändernde, sich entfaltende Leben. Den Tod gibt es nicht. Glaube, daß Hoffnung besteht, solange das Leben währt. Erwarte nie etwas anderes als das Gute. Es ist die Aufgabe des wahren Heilers, Vertrauen einzuflößen und keine Zweifel oder Furcht. Hilf deinem Patienten, sich harmonisch in das vollkommene Gesetz Gottes einzuordnen. Hilf ihm, eine klare, gesunde Einstellung zum Leben zu bekommen. Richtig denken, göttlich denken erfaßt das ganze Wesen. Das ist eine gewaltige Wahrheit, und wenn du darüber nachdenkst und meditierst, wirst du verstehen, was wir meinen. Richtige Gedanken sind Gottesgedanken, sind ausgeglichen, liebevoll, rein, heilig und freundlich. Sie sind tolerant und großzügig. Richtige Gedanken beinhalten eine göttliche Einstellung zum Leben.

Geistiges Heilen wird durch die Kraft ernsthaften Strebens ermöglicht. Sind die Gedanken wahrhaft auf Christus gerichtet – dann ist das Christuslicht im physischen Körper spürbar und kann, da es eine gewaltige Kraft besitzt, den Krankheitsverlauf zum Stillstand bringen. Dunkelheit oder Krankheit kann in Licht umgewandelt werden. Das Licht übernimmt die Kontrolle, ergreift Besitz vom Körper und beeinflußt die physischen Atome. So geschehen die Wunder! Doch irdisch denkende Menschen wollen das nicht wahr haben, wollen es nicht verstehen, wissen es nicht zu würdigen. Wenn wir sagen, daß die Macht der Gedanken fähig ist, Wunder zu wirken, dann meinen wir natürlich göttliche Gedanken, d.h. Gedanken, die aus einem reinen, strebenden Herzen kommen. Ist das Herz auf Gott gerichtet, werden Kräfte herangezogen, die Negatives in Positives, Dunkelheit in Licht umwandeln.

Meister Jesus sagte: «Ich und der Vater sind Eins», und «Die Worte, die ich rede, sind nicht meine Worte – es ist der Vater, der in mir wohnt, der sie spricht und die Taten vollbringt.» Jeder Heiler sollte um die Wahrheit dieser Worte wissen und jeder Patient sollte versuchen, diese ewige Wahrheit zu verstehen, denn sobald der Kontakt mit der Christusgegenwart hergestellt ist, auch wenn es nur für eine Blitzsekunde war, ist es als hätte sich die Kraft Gottes in euch entzündet. Dann vergeßt ihr irdische Begrenzungen und erhebt euch in die höheren Sphären bewußten Lebens – und dort werdet ihr von der lebendigen Kraft Gottes aufgeladen. Laßt euch vom irdischen Denken nicht begrenzen.

Zweifelt nicht an dieser Kraft. Entfernt alle Zweifel aus euren Gedanken und wisset tief in eurem Herzen um die Wahrheit dieser unsichtbaren Heilstrahlen und um die Wahrheit des unsichtbaren Lebens.

Der Erdenmensch von heute hat sehr wenig Kenntnisse von der Existenz der Heilengel. Doch mit dem fortschreitenden Einfluß des Wassermann-Zeitalters werden viele Menschen nicht nur ihre Gegenwart spüren, sondern sie sogar sehen. Je nach Bedarf und je nach der erzeugten Schwingung kommen zu einer Heilbehandlung die in Sonnenlicht gekleideten Engel in den verschiedensten Farben. Ihr wißt, daß das Sonnenlicht alle Farben des Spektrums enthält. Nun stellt euch die Heilengel in diesen wunderbaren Farben vor. Nichts ist dunkel oder häßlich. Sie erstrahlen im Licht der Reinheit. Diese Engelwesen kommen sehr nahe an den Heiler heran, der einen «gewissen Stoff» beiträgt, den sie benötigen, um den Kontakt mit dem Heilungssuchenden herzustellen. Göttliche Heilstrahlen können sowohl zur Heilung des physischen Leibes als auch zur Heilung seelischer Schwierigkeiten angewendet werden, ja sogar um die dunklen, materiellen Umweltbedingungen, welche die Menschheit bedrücken, zu verändern.

Das Licht reiner, weißer Magie strahlte unaufhörlich aus dem Herzen Jesu. Jeder Mensch kann auch heute noch diese Strahlung aus dem Herzen Christi in sein eigenes Herz einfließen lassen, und wenn sein Herz freudig und rein bleibt, kann es seinerseits Licht und Heilkraft in alle Welt ausstrahlen.

Die spontane Selbstlosigkeit macht geistiges Heilen zu etwas Wunderbarem. Der Heiler strebt nicht nach Ruhm und Ehre. Täte er dies – er könnte nicht heilen. Er denkt lediglich an den Mitmenschen, an die Linderung von Schmerz und Leid. Die Umwandlung der dichten, düsteren, drückenden Lebensumstände in bessere, harmonischere, ist sein ganzes Anliegen.

So wollen wir abschließend Folgendes sagen: Wer sich nach geistiger Höherentwicklung und Entfaltung inneren Wahrnehmens sehnt, der stelle sich in den Dienst des Heilens. Christus sagte durch Jesus von Nazareth: «Weide meine Schafe.» So gehe hin, mein Freund, und widme dich den kranken Seelen der Menschen, indem du ihnen dienst – sie geistig heilst. So dienst du selbstlos nicht nur der heutigen Menschheit, sondern auch zukünftigen Generationen, und hilfst Gott, für alle Menschen auf Erden bessere Lebensbedingungen zu schaffen.

Meine Freunde, folgt dem Pfad des Dienens, der wahren Güte, spontaner Lebensfreude und werdet allmählich, wie euer geliebter Meister Jesus, vollkommene Söhne und Töchter des lebendigen Gottes.

WHITE EAGLE BÜCHER

WER IST WHITE EAGLE (von Walter Ohr)
48 Seiten, DM 10.-

IN DER STILLE LIEGT DIE KRAFT (The quiet mind)
Auslese der markantesten Worte von White Eagle
55 Seiten, DM 12.-

WUNDER DES LICHTES (Morninglight)
Über das Woher, Wohin und Warum des Menschen
64 Seiten, DM 12.-

DAS LEBEN JENSEITS DER TODESPFORTE (Sunrise)
Ein Buch, das Trost spendet und wahres Wissen vermittelt
64 Seiten, DM 12.-

GEBETE IM NEUEN ZEITALTER (Prayer in the new age)
Gebete und Invokationen
96 Seiten, DM 14.-

WEISHEIT VON WHITE EAGLE (Wisdom from White Eagle)
Vermittelt das Weltbild des neuen Zeitalters und erklärt das geistige Gesetz und seine Auswirkungen
96 Seiten, DM 14.-

UNSER GEISTIGER BRUDER SPRICHT (The gentle Brother)
Geistige Ratschläge für den Alltag
80 Seiten, DM 14.-

NATURGEISTER UND ENGEL (Spirtual Unfoldment II)
Das verborgene Leben der Naturgeister und Engelwesen
84 Seiten, DM 14.-

DIE GOLDENE ERNTE DER LIEBE (Golden Harvest)
Der Weg der geistigen Erfüllung
64 Seiten, DM 14.-

DIE VIER GROSSEN EINWEIHUNGEN (The Path of the Soul)
Wege zu einer inneren Wirklichkeit
88 Seiten, DM 14.-

DER WEG ZUM HÖHEREN SELBST (Spiritual Unfoldment III)
Ein Wegweiser zu den inneren Mysterien
96 Seiten, DM 16.-

MEDITATION (Meditation)
Theorie und Praxis der White Eagle-Meditation
120 Seiten, DM 19.80

DER GEISTIGE PFAD (Spiritual Unfoldment I)
Geistige Entwicklung und Entfaltung der Seelenkräfte des Menschen
128 Seiten, DM 19.80

DIE STILLE DES HERZENS (The Still Voice)
Ein Buch für stille Stunden
112 Seiten, DM 18.-

WARUM? (Joan Hodgson)
Ein White Eagle Buch über den Sinn des Erdenlebens
136 Seiten, DM 19.80

MIT WHITE EAGLE DURCH DAS JAHR
Auslese der markantesten Worte von White Eagle
128 Seiten, DM 19.80

GEISTIGE JAHRESZEITEN (The Way of the Sun)
Die spirituelle Bedeutung der Jahreszeiten
120 Seiten, DM 19.80

LICHTWEGE
112 Seiten, DM 19,80

DAS JESUS BUCH
152 Seiten, DM 19,80

DAS GROSSE WHITE EAGLE HEILUNGSBUCH
(The White Eagle Lodge Book of Health and Healing)
176 Seiten, DM 32.-

DIE WHITE EAGLE HEILUNGSPRAXIS
Das große White Eagle Heilungsbuch Bd. 2
312 Seiten, DM 38.-

DAS GROSSE ASTROLOGIE BUCH
240 Seiten, DM 38.-

DIE VERBORGENE WEISHEIT DES
JOHANNES EVANGELIUMS
240 Seiten, DM 38.-